I0815205

Manifestación
sin tanto rollo

Manifestación sin tanto rollo

Te cuento todo, aquí no hay secretos

KARLA BARAJAS

AGUILAR

El papel utilizado para la impresión de este libro ha sido fabricado a partir de madera procedente de bosques y plantaciones gestionadas con los más altos estándares ambientales, garantizando una explotación de los recursos sostenible con el medio ambiente y beneficiosa para las personas.

Manifestación sin tanto rollo
Te cuento todo, aquí no hay secretos

Primera edición: octubre, 2023
Primera reimpresión: abril, 2024

penguinlibros.com

Ilustraciones de interiores: de las páginas 61 y 106, proporcionadas por la autora;
resto de las ilustraciones, © iStock

ISBN: 978-607-383-562-6

Impreso en México – *Printed in Mexico*

Para mi amado esposo,
que sin su apoyo, nada de esto existiría.

Agradecimientos

Para ti que escuchas el llamado de tu corazón.

Que estás en búsqueda de esas respuestas para vivir una vida mejor.

Recuerda que siempre estamos de proceso en proceso, y que la magia viene de disfrutarlo y ser siempre amoroso contigo.

ÍNDICE

1

COMENCEMOS CON AMOR

¡Te doy la bienvenida! Estoy segura de que si este libro llegó a tus manos, es porque deseas manifestar algo: hacer un cambio en el rumbo de tu vida, tener ese trabajo de ensueño, comprar la casa ideal para ti o estar en esa relación de tus sueños. Agradezco que este libro llegara a ti en el momento justo y perfecto. Quizás estés en un aeropuerto, o una buena amiga te lo regaló. Como sea que haya pasado, bienvenida, bienvenido.

Posiblemente ya has escuchado mucho sobre manifestación, pero creo que estamos en el punto donde hay tanta y tanta información que ya no sabes cuál es el "camino" para obtener mágicamente eso que deseas y vivir esa vida que tanto anhelas. Mi objetivo contigo es que puedas aprender a manifestar sin tanto rollo. Que entiendas que es fácil, divertido, y que es real que sí puedes tener todo eso que quieres, tomando en cuenta todo lo que te estaré platicando en este libro.

Mi historia usando la manifestación es la siguiente. Crecí en una casa donde todo esto era lo normal. Tanto mi mamá como mi papá desde hace más de 20 años se dedican a dar cursos y todo lo relacionado con terapias alternativas, *tapping*, sanación con manos, Ley de la Atracción y demás, que si bien ahora están de moda, antes, cuando yo era pequeña, eran poco aceptados. A mí me tocó escuchar a mi mamá explicar una y otra vez, en fiestas infantiles, en reuniones familiares y en todo lugar a qué se dedicaban y al final oír a la otra persona decir: "Guau, yo nunca había escuchado nada sobre eso, qué interesante".

Crecí en Guadalajara, Jalisco, donde estos temas antes eran un gran tabú. Estuve en escuelas católicas y a veces me era complicado explicarles a mis amigas qué era exactamente lo que hacían mis papás. Con el tiempo la palabra *terapeuta* comenzó a solucionar todo (siempre y cuando no hicieran muchas preguntas sobre ello, la situación estaba controlada).

Era divertido estar en una familia así, donde cada que algo nos dolía, mi papá usaba sus manos, cerraba los ojos y revisaba nuestro campo energético y veía lo que nos dolía e intentaba liberar esa molestia. La mayoría de las veces lo lograba quitar por completo, otras veces el dolor disminuía. Si lo platico en voz alta, yo sé que parece una locura.

Cuando estaba por cumplir 15 años quería manifestar irme de viaje a la Riviera Maya, ya que hacer una fiesta no resonaba realmente conmigo. ¿Y qué crees que pasó? El Universo y mis papás se lo tomaron muy en serio, y ese viaje duró ocho años, y en lugar de tener mi viaje por mis 15 años, que usualmente duraría una semana, nos mudamos a Playa del Carmen.

Sí, es correcto, nosotros somos los loquitos de la familia que se fueron a vivir a Playa del Carmen. Ahí, mis papás nos inscribieron en la escuela más *hippie* y holística que te puedas imaginar. Pero para mí fue increíble, no te preocupes. Una de las materias más importantes era arte, crecer el huerto de la escuela y obviamente matemáticas.

Tenía compañeros de muchos lugares del mundo; de hecho, éramos pocos mexicanos en el salón. Y todos en la escuela, por lo regular, eran muy amables y alivianados. Para mí era un sueño estar ahí, pues, después de tantos años de estar en escuelas donde sentía que no encajaba, de pronto ya estaba en un lugar donde al menos mi familia ya no era "la rara" y ahora todos deseaban ir a sesiones con mis padres.

Como te platicaba, mis papás se la pasaban dando y tomando cursos de diferentes técnicas. Y los amigos que tenían eran personas que conocían en los cursos. Como te imaginarás, las pláticas que teníamos en las sobremesas eran sobre todos estos temas. Por eso crecí en este ambiente donde creíamos que las personas eran mayormente buenas, que todo pasaba por algo y que lo que más soñabas sí podía llegar a ti de una manera amable y amorosa.

Justo por ese contexto en el que crecí, jamás me cuestioné si esto funcionaba o no. Más bien ocurrió al contrario, pues cada vez que escuchaba las experiencias de todas estas personas, prestaba atención y analizaba cómo ellas manifestaban la vida que deseaban, lo que me ayudó a confirmar que este proceso era verdadero. Así, poco a poco, desde pequeña, a prueba y error, fui haciéndolo a mi manera. Al inicio sin saber mucho sobre la teoría de cómo o por qué funcionaba. Yo sólo me concentraba, pedía y, al recibirlo, agradecía por ello... y listo. Siendo honesta, al ser algo que aprendí desde niña, al usarlo muchas veces, y ver que me funcionaba bastante bien, dejé de darle tanta importancia a la parte teórica (que obviamente después retomé, pues me preparé para diseñar los cursos que imparto). Sólo lo seguí usando una y otra vez. Haciendo una comparación, para mí fue como que crecí hablando español y, una vez que fui adulta, no me interesaron mucho las reglas gramaticales, o algo por el estilo. Sólo aprovechaba que ya sabía hablar, que domino el idioma sin entender cómo o por qué es que se dicen las cosas de esa manera, seguía hablando y ya. Lo mismo me pasó con la manifestación. Desde pequeña me quedó claro que si pensabas en algo muy fuerte y hacías una petición clara, era casi un hecho que eso iba a llegar a ti en el mejor momento.

Uno de los *hobbies* que crecí haciendo con mi mamá era hablar con el Universo y pedirle cosas como entre broma y broma. Por ejemplo, decíamos: "¿A poco no estaría padre que equis cosa pasara?", lo imaginábamos, nos reíamos y seguíamos con nuestro día dejándolo ir. Aunque no todo pasaba en ese instante como por arte de magia, nos llegó a suceder que había cosas muy específicas con las que bromeamos y sí se cumplieron en ese momento justo. La realidad es que, aun cuando ya sabíamos que esto funciona, siempre quedábamos sorprendidas por la magia, al ver que se volvía realidad.

Por ejemplo, en una ocasión mis papás acababan de abrir su nueva oficina para dar cursos. Estábamos muy emocionados por este nuevo comienzo. Recuerdo que eran los primeros días después de que se las habían entregado e íbamos saliendo de ella. Todavía estaba completamente vacía y necesitaban decorarla para hacerla cálida y bonita.

Ese día íbamos mi mamá, mi hermana y yo. Salimos y nos subimos a la camioneta. Justo saliendo de la oficina había una avenida, y del otro lado vimos que había una señora que iba saliendo de su casa. En los brazos traía diferentes macetas con todo tipo de plantas. Todas se veían hermosas.

Mi mamá y yo vimos esta escena donde la señora ante nuestros ojos tenía más plantas de las que podía cargar en ese momento, y mi mamá me vio y me dijo: "Esa señora tiene muchas plantas, debería regalarnos unas", nos reímos y ahí quedó nuestro comentario. Mientras seguimos un tiempo más dentro de la camioneta. Recuerdo que a los pocos minutos de haber dicho ese comentario vimos cómo la señora cruzó la avenida con las manos llenas y nos dijo: "Tengo muchas plantas y no sé qué hacer con tantas, ¿no quieren unas?". Mi mamá y yo nos volteamos a ver, nos reímos y aceptamos con gusto.

En ese momento fue todo así de simple, teníamos un nuevo espacio que necesitaba plantitas y muchas cosas. Salimos y enfrente de nosotras había abundancia en plantas, y el Universo y esa señora dijeron: "Tomen, hay suficiente para todos". Quiero aclarar que no conocíamos a esa señora, y después de ese día no la volvimos a ver de nuevo.

Así es como ha sido la manifestación para mí: sencilla, ligera, divertida y siempre una sorpresa detrás de otra. Y así es como espero que puedas comenzar a tenerla en tu vida. Sin obsesiones o frustraciones.

Desde niña siempre me ha gustado leer, escribir y estudiar. Cuando tenía 13 años tomé un libro de mi papá y desde ese día nada volvió a ser igual. Dejé los libros de ciencia ficción y los cambié por todo lo relacionado con este mundo holístico. Sentí cómo ese primer libro me despertó un hambre impresionante por aprender y aplicar en mí y en otros estas técnicas diferentes para vivir cada día más ligeros y en armonía. Así es que sí, tengo 13 años hasta hoy devorando cuantos libros llegan a mí. Estudiándolos, tomando cursos, practicando y aplicando cada información nueva que encuentro. Por lo que, si me permites darte un primer consejo, aquí te va, prepara tu pluma.

Al venir de una familia tan alternativa, crecí entendiendo que todo se trata de hacer las cosas de manera integral y en balance. De tomar en cuenta la parte médica y psicológica, pero también la energética y espiritual de lo que vivimos y somos.

Gran parte de mi familia y la familia de mi esposo son médicos, y de verdad que me encanta platicar sobre cómo todo es un complemento para la sanación y bienestar de las personas. Cómo todo ayuda, complementa y en las dosis correctas, sana.

Recuerda que todas las terapias alternativas y holísticas pueden ayudarte de muchas maneras, pero creo profundamente que es necesario evitar ser un "adulto negligente". ¿A qué me refiero? Si algo duele, si algo no se siente bien o se ve raro, ve al médico cuanto antes. Y con el diagnóstico que te den, estoy segura de que como complemento de tu tratamiento puedes encontrar muchas terapias alternativas que te pueden ayudar de muchas maneras en tu proceso de sanación. Pero sin una valoración adecuada, no hay terapia alternativa que te pueda ayudar, ya que ninguna persona que se dedica a ello tiene la habilidad de determinar qué es lo que aqueja. Sí podemos acompañar la evaluación de un médico de maneras increíbles, pero siendo honesta, sería muy complicado ayudar si no sabemos de antemano qué padecimiento tienes.

Por ejemplo, si llego con algún dolor abdominal al consultorio de un sanador es complicado que me pudiera ayudar realmente. A diferencia que si llego diciendo: "Tengo colitis o gastritis", o alguna otra enfermedad. Pueden abrir sus libros o apuntes y decir: "Claro, hagamos esto y trabajemos la parte espiritual, energética y emocional". Se ve como un panorama muy diferente, ¿cierto?

Recuerdo que por muchos años los médicos hacían menos a este tipo de medicina, la infravaloraban. Y por otro lado, la gran mayoría de los que se dedicaban a las terapias alternativas se la vivían diciendo que los doctores eran simples carniceros, y que les faltaba apertura hacia lo holístico. Sin darse cuenta, eran ambos bandos los que necesitaban de esta apertura y entender que si hacían equipo, todo podía siempre salir aún mejor.

Así es que firma aquí, comprometámonos tú y yo a no ser un adulto negligente: ____________________.

Yo, por mi parte, te prometo que haré este libro de lo más práctico y sencillo para que tú lo puedas usar. Sin importar el contexto que tengas de este tema, o si sientes que por tu trabajo o tu familia no puedes manifestar (por cualquier razón). Pero, por favor, te pido que te permitas aplicar el conocimiento y experiencia que estás por leer. Todo a tu manera y a tu ritmo, claro. Además, debes de tener una mentalidad abierta para poder estar receptivo al mundo de la manifestación. Quiero decirte que el proceso tiene muchas implicaciones, sencillas, pero que hay que tomar en cuenta para tener los resultados que esperamos. Como el proceso es algo integral, resulta complejo separarlo, pero hice mi mejor esfuerzo para desmenuzarlo y hacerlo lo más sencillo posible. Los temas se conectan tan íntimamente que en ocasiones pareceré que soy repetitiva, pero no desesperes, ya verás que conforme sigas leyendo, todas las piezas caerán en su propio lugar. Así es que ponte cómodo, que este viaje apenas está comenzando.

REGLAS PARA COMENZAR

Me gusta pensar y recordar que vivimos en un lugar repleto de oportunidades infinitas, sin importar en qué país vivas, y que todo lo que estoy por platicarte lo puedes aplicar tú también. Intenta estar al pendiente de ti, de lo que piensas y sientes, para evitar que te cierres las puertas de este nuevo mundo.

1) ***Sé amable, respetuoso y amoroso contigo mismo.***
   Recuerda, esto es un proceso que con el tiempo se vuelve una habilidad. Créeme que con paciencia y cariño, cada día será más sencillo manifestar. Si al inicio las cosas no salen como deseas, siempre sé amoroso contigo, respira y vuelve a comenzar; aquí estoy contigo.

2) ***La envidia y el no ayudar a otros es lo peor que puedes hacerte a ti mismo.***
   Veámoslo de esta manera: créeme que ayudar a otros a cumplir sus sueños te ayudará a acercarte a los tuyos. Te dará claridad y experiencia y con ello podrás comenzar a descubrir nuevos horizontes, que quizás antes no conocías o no sabías que te interesaban.

   Recuerda, hay oportunidades y espacio para la luz de todos. No porque tu primo tenga ese éxito que tanto deseas significa que ahora hay menos para ti. Sé que se puede llegar a sentir así, pero ésta es una creencia limitante muy común, así es que no te preocupes si lo piensas alguna vez. Si llegas a ver un consejo por acá que sabes que a alguien cercano le puede servir, te recomiendo ser un río que fluye y comparte la información.

3) ***Disfruta el proceso, es lo más sabroso.***
   De seguro quieres manifestar muchas cosas, pero piénsalo por un momento. Eso que tanto querías, ya lo tienes. Ya

está ahí. Y quizá lo celebraste unos minutos, horas o unas cuantas semanas. ¿Y ahora qué sigue? Es ahí donde seguro comenzarás a pedir muchas cosas más. ¿Y luego? Si todo el tiempo estás pidiendo y construyendo, pensando que sólo la parte satisfactoria serán esos pequeños minutos de gloria, qué vida tan frustrante sería, ¿no?

Todos esos logros no serían nada, sin esas anécdotas, esas risas, llantos, gritos que vienen en el camino a lograrlo. Quizás en el momento sea doloroso e incómodo, pero créeme, con el tiempo lo recordarás con mucho cariño.

COMENCEMOS CON LO PRIMERO: ¿ESTO DE LA MANIFESTACIÓN ES ALGO NUEVO?

La respuesta es no. Muchas personas piensan que este tema se puso de moda recientemente, pero no es así. Es mucho más viejo, me atrevería a decir que más ancestral de lo que podríamos pensar. No voy a hacer una línea de tiempo superdetallada sobre cómo fue pasando este conocimiento a través de los siglos, pues eso sería un libro aparte, sino que mencionaré lo que yo considero más importante, lo esencial, sin tanto rollo. Comencemos.

LA NUEVA ERA

Como te platiqué, cuando yo era niña y escuchaba las pláticas de mis papás sobre estos temas, la mayoría de sus interlocutores se mostraban asombrados. Y no estamos hablando de hace mucho tiempo. Hoy en día es más común escuchar temas de manifestación o la Ley de la Atracción. Hay muchos libros, muchos programas, muchas personas que utilizan este conocimiento en su día a día. Este interés por tales temas sobre la espiritualidad y el poder del pensamiento surgió a finales del siglo XX y principios del XXI, con un movimiento conocido como la New Age, la Nueva Era. Si estás metido en estas enseñanzas, de seguro ya has escuchado algo al respecto. No es una religión, no es una secta, sino que se trata de un movimiento filosófico, esencialmente espiritual, cuyos principios abogan por la universalidad y el respeto a todos los credos y creencias.

Una de las publicaciones que sin duda caracterizó a este movimiento fue el libro *El secreto* (2006) de la autora australiana Rhonda Byrne, y su película homónima que también salió ese año. Este libro explica la Ley de la Atracción: nuestros pensamientos, emociones, creencias, sentimientos y deseos generan una energía que es lanzada al Universo y se une con energías afines, aquellas que resuenan en la misma sintonía. Si bien Byrne popularizó esta línea de pensamiento basada en la Ley de la Atracción, ella no la creó, sino que se basó en un conocimiento previo que ya existía desde inicios del siglo XX, como ya lo veremos más adelante en este apartado.

Otra película-documental que también habló de estos temas fue *¿¡Y tú qué sabes!?*, que salió en 2004 y que también fue presentada en 2005 en formato de libro, al cual le agregaron el subtítulo de *Descubriendo las infinitas posibilidades para modificar nuestra realidad cotidiana*; fue escrito por William Arntz, Betsy Chasse y Mark Vicente. Cabe mencionar que Jack Forem y Ellen Erwin ayudaron para la creación de la película. Ahora, ¿de qué va esta trama? La película es una serie de entrevistas realizadas a científicos, filósofos, religiosos y místicos acerca de ciertas grandes preguntas relacionadas con la vida misma: ¿De dónde venimos? ¿Por qué estamos en esta realidad? ¿Adónde vamos? Para contestar esas preguntas habla de qué es la realidad y, al final, llegan a la conclusión de que la realidad es creada por nuestra conciencia, sobre el poder que tiene la mente sobre la materia. Se basan principalmente en la física cuántica para explicar cómo es que el observador de la realidad, o sea, nosotros mismos, afectamos a la materia que nos rodea con nuestra percepción del mundo.

Para explicar eso recurren a un fenómeno que se conoce como onda/partícula o como el experimento de la doble ranura. Prácticamente lo que nos dice este fenómeno es que las partículas subatómicas no son sólidas del todo, sino que poseen una naturaleza dual. Dependiendo de cómo las veamos, pueden tener un comportamiento de partícula o de onda. Si te interesa más este tema, te invito a que veas la película o que busques en internet una explicación del experimento de la doble ranura, pues éste se entiende mejor visualmente. Sin tanto rollo, podemos decir que la materia en su función de partícula es cuando ya está manifestada en esta realidad, pero en su función de onda, aún permanece en un campo de posibilidades energéticas, esperando a tomar forma en el mundo físico. Si aprendemos a modificar o a usar ese campo de probabilidades, que es lo que aprenderás en este libro, podrás modificar tu realidad. No es que sea una receta mágica, sino que más bien se trata de aprender los principios y las leyes o normas que están implicados en el proceso.

Estos dos libros y sus respectivas películas fueron un parteaguas, pues dieron a conocer de manera masiva los temas de la Ley de la Atracción, de la manifestación. A partir de ahí han surgido muchos otros libros, pero en la mayoría de los casos son teóricos y no proponen prácticas concretas o formas sencillas de aplicar ese conocimiento en nuestra vida diaria, algo que sí encontrarás en este libro.

Ten en cuenta que este movimiento de la Nueva Era no es más que una extensión de un cambio de paradigma que se dio en los años 60 del siglo pasado. Pero antes de pasar a esos años, me gustaría hablarte de otro autor que también hizo su contribución a este conocimiento de la manifestación, pero que está justo en medio de los dos movimientos (aunque algunos lo consideran dentro del movimiento del Nuevo Pensamiento). Me refiero a Wayne W. Dyer, autor del libro *Tus zonas erróneas. Guía para combatir las causas de la infelicidad*, publicado en 1974. El libro se centra en la idea de que el ser humano tiene aproximadamente 60 mil pensamientos en un día, pero la mayoría de ellos son de naturaleza negativa, de manera que día con día repetimos esos pensamientos como un programa que insertamos en nuestra mente y que, a la larga, nos van a causar sentimientos de insatisfacción, culpa, enojo o preocupación. Hacen que caigas en zonas erróneas. El libro propone una serie de pasos para salir de ellas y así tener una vida más plena. Una vez más, encontramos que manifestar una vida llena de felicidad y abundancia sí es posible. Ahora sí, vayamos a los sesenta.

AMOR Y PAZ

El movimiento del amor y de la paz, o lo que algunos denominan la cultura *hippie*, surgió como una propuesta contracultural que cuestionaba fuertemente las bases de la cultura occidental, que se basaba, por así decirlo, en un autoritarismo ideológico. Y es que después de tantas guerras y conflictos políticos, un pensamiento alternativo basado en la no violencia y en la tolerancia resultó sumamente atractivo. Y aunque esta generación experimentó mucho con el uso de psicodélicos —y ojo, no estoy recomendando su uso—, comenzaron a forjar un gusto por lo alternativo, por lo oriental, lo mágico —que no es lo mismo que brujería o santería—; temas como la meditación, la conciencia o la espiritualidad promovieron la idea de despegarse del mundo físico e ir en busca del mundo interior.

Un autor que influyó mucho en esta corriente fue Aldous Huxley. Sus libros comenzaron a explorar la conexión que existía con los alucinógenos y el poder de la mente para alterar la realidad. En 1977 publicó *Moksha*, en 1956 *Cielo e infierno*, pero su ensayo más influyente fue sin duda *Las puertas de la percepción* de 1954, en el que describe sus vivencias con el uso de la mescalina (peyote). La influencia de este libro fue tal, que se puso de moda leerlo bajo estados alterados de conciencia provocados por algún alucinógeno. ¡Imagínate! Está cañón, ¿verdad? Y no menciono esto como una justificación de que para manifestar hay que consumir este tipo de sustancias; no, para nada. Sólo lo digo para que veas el *boom* que hubo sobre el tema. Incluso la famosa banda de rock The Doors tomó su nombre inspirándose en el libro de Huxley.

Desde su publicación, *Las puertas de la percepción* se convirtió en un referente dentro de la cultura *underground* o contracultura, que poco a poco fue permeando y dando forma a lo que hoy conocemos como la cultura pop. El eco del libro ha sido tal, que incluso hoy en día sigue dando de qué hablar. No es de sorprendernos que por los años 60, más específicamente en julio de 1963, apareciera en los cómics el personaje de Dr. Strange. De seguro ya lo conoces o has oído hablar de él, pues la productora Marvel Studios lo popularizó con su serie de películas de superhéroes, sobre todo con el filme homónimo que protagonizó Benedict Cumberbatch en 2016. Si ya viste la peli, ya sabes de lo que hablo, pero si no, deja te cuento un poquito más. El argumento central se basa en la vida del doctor Stephen Strange, un renombrado cirujano que se caracteriza por ser pedante y altanero. Su vida llega a tanto éxito que no podría ser mejor; sin embargo, tiene un accidente automovilístico y pierde su capacidad para ejercer su profesión, pues sus manos y coordinación resultaron gravemente afectadas. Tras optar por un sinfín de tratamientos médicos que no le ayudan a curarse, decide, tras un indicio, embarcarse en la búsqueda de una sociedad secreta de hechiceros que habitan en el Himalaya, quienes supuestamente tendrían el poder de curarlo. Por supuesto que él no sabía que se trataba de hechiceros, sino que pensaba en una comunidad médica alternativa que realizaba investigaciones bajo el agua, fuera de la autorización de la medicina *mainstream*.

Cuando llega y le comienzan a hablar de chakras, energía y espiritualidad, se siente timado y ridiculiza a las enseñanzas. No es sino hasta que la líder del lugar, la Ancestral, le induce una experiencia extracorporal, que comienza a creer en un mundo más allá de lo meramente físico. Lo interesante de esta escena es que la Ancestral le dice que los pensamientos moldean la realidad. Pero la cosa no termina ahí. Más adelante, cuando están peleando en la dimensión del espejo, hay un cameo de Stan Lee —algo característico de las películas de Marvel— en el que está sentado en un autobús leyendo el libro de Huxley, *Las puertas de la percepción*. ¿No me crees? Te aconsejaría que vuelvas a ver la película y te fijes en este detalle.

Lo que me gustaría resaltar de esta película es el hecho de que Stephen era un escéptico empedernido que basaba sus creencias en los dogmas de la ciencia y en el materialismo: si algo no se puede comprobar a través del método científico, entonces no existe; no es creíble. No obstante, para poder sanarse, pues no hubo ciencia que lo ayudara a recuperarse, tuvo que hacer un cambio de paradigma, o sea, cambiar su sistema de creencias y aceptar la existencia de un mundo trascendente más allá de lo físico. Pero bueno, no voy a divagar más en esta película, mejor te aconsejo que la veas con estos nuevos ojos.

EL NUEVO PENSAMIENTO

Del movimiento de los 60 vamos a irnos más atrás en el tiempo, a principios del siglo XX y finales del XIX. Por estos años hubo una explosión de nuevas corrientes filosóficas que buscaban explicaciones sobre la realidad y sobre el funcionamiento de la mente. Este conglomerado de nuevas ideas y formas de ver la vida, que creció muchísimo en Estados Unidos, se conoció como movimiento del Nuevo Pensamiento, cuyas propuestas resultaron muy novedosas y polémicas. Si tratáramos de resumir de qué se trató, podríamos centrarnos en dos puntos:

1) No hay intermediarios entre el ser humano y la Divinidad o Universo, pues todos somos uno con la Creación; para tener una vida más plena, es necesario una conexión directa con la Fuente de Todo; y
2) El poder del pensamiento manifiesta nuestra realidad.

Son muchos los escritores que formaron esta corriente, así que no podría incluirlos a todos, aunque sí voy a platicarte de cuatro que yo considero esenciales.

Una de las mujeres más influyentes en la corriente del Nuevo Pensamiento fue Florence Scovel Shinn, autora del libro *El juego de la vida y cómo jugarlo* (1925). Florence, al igual que muchos autores de esta corriente, se caracterizó por usar referencias bíblicas para explicar principios espirituales, o sea, tenían una interpretación metafísica de la biblia. Por ejemplo, ella dice en su libro que todo lo que el hombre imagina (piensa) tarde o temprano se va a manifestar en su vida, y ejemplificaba este principio con el siguiente versículo: "Mantén tu corazón (o imaginación) alerta, ya que de éste salen todos los asuntos de la vida" (Prov. 4:23). Es interesante, ¿verdad? Ahí platica cómo conoció a un hombre que tenía miedo de contagiarse de cierta enfermedad, a pesar de que era muy rara y poco probable que alguien se enfermara de eso. Pero era tanta su obsesión, investigaba sobre los síntomas, pensaba en cómo sería enfermarse de eso, que tarde que temprano contrajo la enfermedad y ésta le causó la muerte. La verdad es que cuando leí eso me quedé helada y me dije: "¡Qué!, ¿un hombre murió por el poder de su mente?". Pero poco a poco comprendí que ese poder que tenemos para manifestar es una gran bendición, y es por ello que debemos aprender a utilizarlo.

Otra mujer que destacó en este campo de la espiritualidad y del uso de la manifestación fue Conny Méndez, con sus famosos libros de *Metafísica 4 en 1*. A pesar de que habló de muchos temas se centró en el Principio de Mentalismo, que no es otra cosa que la Ley de Atracción. Su libro *Piensa lo bueno y se te dará* se centra más en los procesos de manifestación. Dice que lo que pensamos se manifestará, por lo que nosotros somos responsables de lo que nos ocurre, ya que nosotros elegimos pensar mal o bien aunque, muchas veces, no somos conscientes de ello.

A diferencia de Conny Méndez o de Florence Scovel, que son mundialmente reconocidas y cuyos libros se han traducido a muchos idiomas y han sido superventas por mucho tiempo, Neville Goddard "no corrió con la misma suerte", pues apenas hay un par de sus libros traducidos al español y pocas personas conocen su influencia e ideas. Aunque, eso sí, cada vez he escuchado que lo mencionan con mayor frecuencia, así que posiblemente con el pasar del tiempo más personas lo conozcan. Su libro más renombrado es *El poder de la conciencia*. Prácticamente lo que nos dice Goddard es que la imaginación es un don de la Divinidad, de Dios, del Universo, y que gracias a ella podemos cambiar las circunstancias de nuestra vida. Para que veas el alcance de sus ideas, me gustaría compartir unas breves frases de su autoría:

- "La conciencia es la única realidad. El mundo y todo lo que hay en él son estados de conciencia".
- "Decreta que aparezca lo que no se ve y aparecerá, porque todas las cosas se ven obligadas a responder a la voz de tu conciencia de Ser, el mundo está a tus órdenes".
- "Tus deseos son realidades invisibles".
- "Intentar cambiar el mundo antes de que cambiemos nuestro concepto de nosotros mismos es luchar en contra de la naturaleza de las cosas".

Finalmente, me gustaría platicarte de William Walker Atkinson, quien fue el primero en hablar de la Ley de la Atracción. Si bien es cierto que otros autores ya habían hablado sobre el poder del pensamiento para manifestar, fue Atkinson quien usó el término de la Ley de la Atracción. Su libro más notable es *Vibración del pensamiento. La Ley de la Atracción en el mundo del pensamiento*, en el que enfatiza la importancia de vibrar en altas frecuencias para que las manifestaciones que lleguen a nuestra vida o que nosotros impulsemos, pertenezcan, justamente, a esta alta vibración. Además, Atkinson coloca el origen de este conocimiento sobre la Ley de la Atracción en la Antigüedad.

Y es así que llegamos a un libro que se publicó en 1908 y ha sido la base de casi todos los autores del Nuevo Pensamiento: *El Kybalión*. El libro dice haber sido escrito por los Tres Iniciados, quienes hablan de un conocimiento tan antiguo, cuyo origen se sitúa en Egipto. Argumentan que el dios Hermes Trismegisto fue quien les confirió esos saberes. Y aunque el libro quiera hacerse pasar por ancestral, en realidad está escrito en un lenguaje moderno. Resulta curioso que la misma editorial que publicaba los libros de Atkinson haya publicado este libro. Sea como fuere, el libro habla de siete leyes o principios que regulan la manifestación en toda la creación. El primero de ellos se conoce como la Ley del Mentalismo y tiene una frase que dice: "El Todo es Mente; el Universo es mental" o a veces también aparece como "Todo es mente, el Universo es una creación mental, producto de la Mente de Dios". Sin tanto rollo, lo que esta ley o principio enuncia es que todo lo que existe afuera de nosotros es un reflejo de lo que tenemos en nuestra mente. Enuncia que más que ser seres creadores, los seres humanos somos seres cocreadores o manifestadores.

No te preocupes si esto no queda muy claro al principio, conforme leas este libro, irás agarrándoles el rollo a todos estos temas y conceptos, sobre todo cuando más adelante te hable sobre la Ley de la Atracción. *El Kybalión* afirma que sus enseñanzas provienen de Egipto, así que nos remontaremos hacia allá, cuando los sacerdotes egipcios dirigían diversas escuelas de misterios.

LAS ESCUELAS DE MISTERIOS

En la Antigüedad la mayoría de los temas y circunstancias de la vida estaban concebidos de una manera integral, de modo que, por así decirlo, la ciencia y la religión o espiritualidad no estaban separadas sino que eran dos caras de la misma moneda. Dudas como la muerte, el más allá, los sueños, la mente, la energía, el universo, las estaciones del año, la astronomía, entre muchos temas más, eran considerados los misterios de la vida; ciertos temas que hoy damos por sentados debido a la ciencia y a la historia de la humanidad, antes se consideraban como saberes secretos, como misterios. Había templos dedicados al estudio de ciertos temas pero no cualquiera podía acceder a estos conocimientos. Antes que nada, los candidatos o interesados en aprender debían tener cierta madurez en la vida; generalmente, al cumplir los 40 o 50 años es cuando alguien podía acercarse a estas escuelas para pedir que le enseñaran.

Pero el asunto no era tan sencillo, pues no bastaba con tener la edad requerida y las ganas de aprender, sino que debían de pasar ciertas examinaciones por parte de los sacerdotes, quienes juzgaban si la persona estaba lista, era digna y tenía los merecimientos necesarios para incursionar en esos conocimientos sobre los misterios de la vida. Además, si eran aceptados, tenían que pasar ciertas pruebas de resistencia física, mental y emocional, pruebas que podían ser tan severas, que incluso corrían el riesgo de morir en el intento. Si las pasaban, entonces eran admitidos en el templo y les enseñaban estos saberes que tenían carácter de secreto, pues una vez que los conocías, jurabas no divulgarlos con nadie más, excepto con las personas que también habían pasado las mismas pruebas y que habían demostrado su valor; sólo lo podían hacer con otros iniciados en esos misterios.

Y así, estas personas ávidas de conocimiento viajaban de templo en templo en busca de más y más saberes. Imagínate que es como si en un templo aprendieras sobre la meditación, y luego te ibas a otro para saber sobre la visualización, y luego a otro para saber sobre los chakras, y así sucesivamente. Era un proceso que duraba años y que era superpesado.

Esta tradición de las escuelas de misterios fue pasando de generación en generación y de cultura en cultura. Por ejemplo, cuando los griegos conquistaron Egipto, se llevaron la idea de las escuelas de misterios a Grecia. Pitágoras fundó su propia escuela que pasó a ser llamada como La Sociedad Secreta de los Pitagóricos, donde estudiaban música y matemáticas. De hecho, Disney hizo un cortometraje muy ameno en el que explican esto y se llama *Donald en el mundo de las matemáticas*; te aconsejo mucho que lo veas.

Grecia, como la cuna de la cultura occidental, replicó este sistema de las escuelas de misterios y se formaron otras agrupaciones, principalmente en Eleusis. Y así, con el pasar de los siglos, este conocimiento fue pasando de mano en mano, de maestro a discípulo, siempre con su carácter de secretismo, por medio de las órdenes iniciáticas y sociedades secretas, tal y como lo puedes ver en el inicio de la película *El secreto*.

Pero hoy en día las cosas son diferentes. Con las personas que divulgaron este conocimiento y con la ayuda de la modernidad, el internet y las redes sociales, cada vez más personas tienen acceso a estos saberes que, como todas las verdades de la vida, son simples, pero no por ello valen menos.

Como viste, todo el recuento que hemos hecho hasta aquí, todos esos libros, movimientos y autores, tienen un gran punto en común: el ser humano puede manifestar lo que desee con el poder de su mente y de todo su ser, siempre y cuando esté en sintonía y armonía con las leyes naturales y espirituales del Universo.

Este viaje sobre los orígenes y evolución de la manifestación no lo puse para que te abrumes con tanta información, sino para que tengas la confianza de que lo que encontrarás en este libro tiene un sustento de mucho tiempo y que, con mi enfoque, el mismo que utilizo en mis cursos y en mis redes sociales, va a ser más digerible y fácil el proceso de manifestación, pues iré a las aplicaciones prácticas para que puedas usarlas en tu vida de manera sencilla, sin tanto rollo.

2
PREPARANDO MI VIDA PARA MANIFESTAR

MEDITACIÓN

HACER ESPACIO PARA RECIBIR

A lo largo de mi experiencia impartiendo cursos sobre la enseñanza del proceso de manifestación me di cuenta de que la mayoría de las personas comienza a aplicar esta herramienta de manera equivocada. Cabe aclarar que al decir "equivocada" no me refiero a que esté mal, sino que no es la mejor forma de hacerlo. Hagamos la siguiente analogía: imagina que el proceso para manifestar algo es una escalera que conecta tu condición actual con aquella que deseas obtener. Ese camino de ascenso está compuesto de diversos escalones que hay que subir con determinación y paciencia. Lo más lógico y sencillo sería comenzar con el primer escalón, después el segundo y así sucesivamente. Sin embargo, ya sea por desconocimiento o impaciencia, es común que las personas quieran comenzar en el segundo o tercer escalón, lo cual hará que el primer paso sea más difícil, cansado y, en algunos casos, hasta lastimoso. Incluso, puede ser que por la misma dificultad de dar ese primer "gran paso", muchos no lo consigan y se rindan en el intento.

Sabiendo lo anterior, te surgirá la pregunta: ¿y cuál es pues ese primer paso?, ¿cuál es el primer escalón? Antes de querer pedir, recibir y vivir aquello que deseas manifestar, primero debes hacer espacio para ello, tienes que ordenar tu vida. Al leer esto, de seguro vendrá a tu mente el siguiente pensamiento: *¿Ordenar mi vida? ¡Pero lo que yo quiero es manifestar, no ordenar!* Calma. Respira profundo y ten en cuenta lo siguiente: por mucho que quiera verter más agua en un vaso lleno, no podré hacerlo; lo único que conseguiré es derramar el agua nueva. Si quiero agua nueva, debo desechar la vieja. Para que quede más claro, imagina la siguiente escena:

> *Cierto día, al terminar de comer, y aprovechando que tienes el resto de la tarde libre, decides ver esa serie que tanto te han recomendado. Podrías hacerlo en tu sala, en tu estudio o en tu recámara, al fin y al cabo, esas habitaciones cuentan con pantallas en las que podrías verla. Eliges el cuarto y, justo cuando te dispones a encender la pantalla, recibes una llamada telefónica. Se trata de tu primo.*
>
> *—¿Bueno?*
>
> *—Hola, prima. ¿Cómo estás?*
>
> *—Muy bien, ¿y tú?*
>
> *—De lujo, prima. Acabo de comprar una pantalla curva de alta definición.*
>
> *—Qué bien.*
>
> *—La verdad que sí. Oye, pues fíjate que ya la instalé y todo, pero no tengo espacio para la pantalla que quité, ¿tú la quieres?, ¿sí tienes lugar donde ponerla?*
>
> *—Sí, sí, claro que sí la quiero.*

—¿Segura? Al rato estaré cerca de tu casa y podría pasar a dártela. Es más, hasta te la dejo ya instalada.

—Sí, segura. Dámela a mí. Acá te espero.

—Ya dijiste, te veo más tarde. Bye.

—Bye, bye.

De pronto, miras a tu alrededor y te das cuenta de que no hay espacio, ni en ningún mueble ni en ningún muro, para poner otra pantalla, sin mencionar que cada recámara ya cuenta con una.

—¿Y ahora dónde la pondré?

Tal vez la escena anterior muestra algo que parece obvio, pero es justo lo que les sucede a muchas personas cuando desean manifestar algo en su vida, quieren pedir y recibir, pero no se han puesto a reflexionar si es que en su vida hay espacio para aquello que están pidiendo. Si no se ha manifestado lo que has pedido, te invito a que reflexiones sobre este punto: ¿tengo espacio suficiente en mi vida para recibir lo que estoy solicitando?

Si bien es cierto que en los ejemplos anteriores el problema es una obviedad, en la mayoría de las ocasiones no resulta tan evidente cuando se trata de nuestra vida. Ya sea porque nos autoengañamos, por evasión o por desconocimiento, este aspecto de desorden o falta de claridad pasa desapercibido. Es por ello que tenemos que hacer un trabajo de introspección para saber cómo proceder.

RESONANCIA: TU MUNDO, TU ESPEJO

Regresando a la escena sobre la pantalla, poner orden resulta un tanto sencillo, pues lo que deberíamos de hacer es encontrar un espacio donde poner la pantalla nueva. La solución corresponde a un ámbito material, a un espacio físico. Sin embargo, el ser humano es complejo y su esfera de acción abarca varios planos en los que se involucran nuestros pensamientos, emociones, sentimientos y creencias. Eso significa que la limpieza y el orden del que hablamos debe de contemplar estos ámbitos si queremos que nuestro proceso de manifestación se dé con éxito.

Para saber qué es lo que debemos limpiar u ordenar, debemos conocernos a nosotros mismos. Suena bien, ¿no? Aunque... muy filosófico y demás, pero ¿cómo le hago?, ¿cuál es el punto de partida? Bueno, algo que me ayudó mucho a conocerme fue entender cómo funcionan las vibraciones energéticas y su resonancia. Cabe aclarar aquí que el proceso de conocernos a nosotros mismos no es algo que se consiga en un fin de semana o en poco tiempo; de hecho, es un desarrollo que nos va a tomar toda la vida. Yo sigo conociéndome cada día y tengo que decirte que es algo que disfruto enormemente. Pero no te preocupes ni te desanimes. Llegar a este autoconocimiento, aunque sea de manera parcial, será muy beneficioso en tu proceso de manifestación.

Regresemos al tema de la vibración. La resonancia es una de las Leyes del Universo y nos dice: "Recibirás lo mismo en lo que resuenas". Esto significa que así como es nuestro mundo exterior, así es nuestro mundo interior y viceversa. Por ejemplo, si en tu casa, cuarto, estudio u oficina, sueles tener mucho desorden, es un indicador de que así estás internamente, con muchos pensamientos y sentimientos sin organizar, sin asimilar. Es por ello que ordenar es de suma importancia al momento de iniciar un proceso de manifestación, pues nos da claridad. Por ejemplo, si perdiste las llaves de tu coche en una habitación desordenada, será complicado encontrarlas; en cambio, en una que esté limpia y organizada, verás las llaves con claridad. El camino hacia tus llaves será sencillo. Este ejemplo nos muestra que si estamos resonando internamente desde el desorden, lo que atraeremos a nuestra vida será precisamente eso, desorden. De esta manera, si quiero cambiar mi mundo externo, debo transformar mi mundo interno. Lo que está afuera de nosotros es un reflejo de lo que llevamos en nuestro interior.

Pero el tema de la resonancia no termina ahí. Si buscamos la definición de esta palabra en un diccionario nos dirá, palabras más palabras menos, que es el sonido que resulta por repercusión de otro, es decir, por el eco de otro. Dentro del mundo energético, este eco es vibracional y tiene que ver, como ya lo vimos, con el eco que el mundo externo hace a partir de mi mundo interno. Ahora bien, ¿cómo funciona este proceso de resonancia? Primeramente debemos recordar que todo lo que existe a nuestro alrededor es energía, incluso la materia es una forma de energía, densificada, pero energía al fin y al cabo. Eso significa que estamos inmersos en un mar de energía, y si no sabemos cómo navegar en él, nos perderemos, nos dejaremos arrastrar por las mareas y puede que hasta naufraguemos. Pero no te asustes, justo este libro es ese mapa que necesitas para salir avante en la travesía de la manifestación.

Si todo es energía, eso significa que todo lo que existe está en movimiento. Incluso los objetos inanimados están moviéndose, tanto de manera indirecta —pues al estar en el planeta Tierra, se mueven junto con él— como directa —al estar hechos de átomos, poseen subpartículas que se mueven en su estructura molecular—. La energía que fluye en nuestra vida resuena de acuerdo con nuestra forma de ser. Todos los elementos a nuestro alrededor se moverán según la instrucción que les demos. Dicha instrucción proviene, consciente o inconscientemente, de nuestros pensamientos, sentimientos y acciones, los cuales poseen una tasa vibratoria, una frecuencia energética. Si vibramos desde la carencia, generaremos un pensamiento que va a causar un eco que, al dispersarse y multiplicarse, regresará a nosotros trayéndonos carencia. Si hago una petición al Universo, pero no estoy consciente de que lo estoy haciendo desde una vibración baja, obtendré un resultado acorde con dicha vibración.

Como ya lo notaste, comprender el funcionamiento de la resonancia es superimportante, pues nos da la pauta para manifestar de una manera más certera. No obstante, esta Ley del Universo nos hace ver que, si lo que está afuera de mí resuena debido a mi mundo interno, la responsabilidad de generar los resultados esperados depende de mí misma, y esta aseveración no va en el sentido de que seamos unos seres ególatras que no necesitamos de nadie ni de nada, sino en el sentido de que nos damos cuenta de que somos los responsables de los acontecimientos en nuestra vida.

Ya sé cómo suena esto para alguien que por primera vez se enfrenta a esta verdad, puede resultar sumamente chocante. De seguro podrás decir: "¡Karla, pero cómo me dices que mis problemas los causé yo! ¿Yo soy el origen de mis desgracias? ¿Me estás diciendo que yo atraje a esa persona tóxica a mi vida? Esto de la resonancia no me gusta para nada". Tranquilo, respira. No es tan fatalista como parece a simple vista. Si lo piensas bien, es la clave perfecta para manifestar eso que tanto deseas en tu vida. Eso sí: si quieres resultados diferentes, debes de hacer cosas diferentes. Si estás vibrando desde el miedo, no esperes atraer valentía. Si tienes pensamientos de pobreza, la prosperidad no se manifestará en tu vida. Sin lugar a duda, debemos hacer cambios internos para que nuestra vibración se eleve y así podamos manifestar lo que deseamos de manera correcta y armoniosa. Por eso debemos de poner orden y limpiar de nuestro mundo interno todas esas emociones, sentimientos, pensamientos y creencias que nos hacen vibrar con energías de baja frecuencia.

Entiendo muy bien que este proceso de autoconocimiento no es sencillo. Muchos reniegan porque quieren obtener resultados diferentes pero no quieren hacer los cambios necesarios. No aceptan la idea de que cada uno de nosotros somos los que lanzamos una vibración al Universo, que después regresará multiplicada, pero en esa misma frecuencia. Es más fácil hacer responsables a los demás, echarles la culpa a las situaciones externas, en lugar de asumir mi rol como ser cocreador de mi mundo.

Si te cuesta trabajo asimilar este tema de la resonancia, tómate un descanso. Sal a caminar, haz ejercicio, tómate tu bebida favorita, haz aquella actividad que te dé quietud. Reflexiona al respecto, vuelve a leer estas páginas si es necesario, date el tiempo de digerir esta información. Puede ser que para algunos el proceso de asimilación sea muy sencillo, pero también sé que para otros puede resultar complejo. Pero ¿por qué pasa esto? ¿Por qué para algunos es más fácil que para otros? Estos cuestionamientos pueden tener múltiples respuestas, pero al final, y en esencia, todas ellas desembocarán en un tema: el sistema de creencias.

MANIFESTANDO TU PROPIA NATURALEZA

Ahora que ya conocemos las bases de la resonancia, ten en cuenta lo siguiente: hoy tú eres alguien que posee cierta frecuencia vibratoria, por lo que recibirás cosas similares a lo que tú eres. Tus pensamientos y tus sentimientos son clave para lograr la manifestación que deseas, por lo tanto, es válido preguntarnos: ¿y de dónde provienen? A pesar de las múltiples opciones que puedan surgir para dar respuesta a esta interrogante, podemos aseverar que a grandes rasgos se originan en tu sistema de creencias. Sin entrar en definiciones propias de la sociología o la antropología, nuestro sistema de creencias está formado y condicionado por el lugar en el que nos desenvolvemos. Desde que nacemos, pasamos por un proceso de formación que nos va llenando de ideas, prejuicios, conceptos, opiniones y visiones determinadas, que se originan en nuestra familia, escuela, comunidad, estado, país y continente en el que vivimos. En otras palabras, la cultura en la que nos desenvolvemos posee una relevancia muy significativa en la formación de nuestra identidad.

El sistema de creencias es el filtro con el que vemos al mundo. Son los lentes con los que miramos. Si las micas de esos lentes son azules, veremos nuestro alrededor en esa tonalidad. Es por ello que, si queremos ver nuestro mundo con otro color, debemos cambiar el color de las micas. Pues lo mismo pasa con nuestras creencias. Si queremos ver, manifestar, un mundo diferente en nuestra vida, debemos hacer cambios en nuestro sistema de creencias.

El cuestionamiento es de suma importancia en el proceso de manifestación, ya que cuando hacemos un trabajo de introspección, podemos identificar si lo que deseamos realmente proviene de nuestro ser o si ha sido impuesto, consciente o inconscientemente, por alguien o algo más. Y es que cuestionarnos nos va a ayudar en nuestro proceso de autoconocimiento. No se trata de cuestionar por cuestionar, sino de hacerlo de manera reflexiva. No implica rechazar aquello que deseamos manifestar, sino investigar si realmente es una necesidad nuestra o si es una necesidad prefabricada por el sistema de creencias de alguien más.

Si bien este proceso de cuestionamiento no será arduo, es decir, no es algo que conlleva muchos pasos, no por ello será sencillo. Lo primero que debes hacer es conseguir una bitácora. No necesariamente debe ser algo muy elaborado, puede ser un cuaderno, una libreta. Aunque al final de este capítulo te platicaré más acerca de esta bitácora, por el momento sólo te diré que es muy importante que la tengas para que lleves el registro de tu avance en tu proceso de manifestación. En ella escribirás las siguientes preguntas:

- ¿Qué creo que quiero?
- ¿Por qué lo quiero?
- ¿Para qué lo quiero?
- ¿Qué pasaría en mi vida si esto se manifestase?
- ¿Qué me incomoda de recibir esto?

En verdad date el tiempo de contestarlas a conciencia. Sé honesta, honesto contigo mismo, y trata de responderlas con la mayor sinceridad posible, pues lo que escribas será la brújula en tu proceso de manifestación. Recuerda que si estamos queriendo manifestar algo que en realidad no pertenece a los deseos sinceros de nuestro ser, difícilmente tendremos éxito en ello.

Muchas personas me han preguntado: "Oye, Karla, ¿qué pasa si quiero manifestar logros y sueños sin preguntarme si realmente los quiero en mi vida? ¿Es algo malo?". Más que esté bien o mal, se trata de si es adecuado o no, pues tratar de manifestar algo que no sabes si verdaderamente deseas puede resultar frustrante, será un proceso más difícil o cansado; o puede que no, está la posibilidad de que eso se nos dé de una manera muy sencilla, pero al obtenerlo nos daremos cuenta de que aquello no era para nosotros. Lo más adecuado hubiera sido invertir nuestro tiempo y energía en algo más acorde a nuestra esencia.

Entonces ¿qué puede pasar si quiero manifestar algo que no sé si me interesa del todo? Lo primero que puede suceder es que no nos sintamos ni felices ni motivados, pues era algo que realmente no sabíamos si queríamos. Es posible que fuera algo que estaba arraigado en mi sistema de creencias. Estos arraigos pueden pertenecer a cualquier ámbito de nuestra vida. Por ejemplo, en la parte profesional, puede ser que pienses que debes dedicarte a tal o cual profesión debido a que todos en tu familia se han dedicado a eso, y debes de seguir la tradición. Puede ser que alguien te haya dicho que para ser feliz debes casarte, tener equis cantidad de hijos, poseer ciertos bienes materiales, etcétera.

Cuando un deseo no proviene de nuestros pensamientos y sentimientos, de nuestras verdaderas aspiraciones, es muy probable que no encontremos la motivación para llevarlo a cabo, que no tengamos la disciplina para hacerlo. Sin la motivación necesaria, nuestros intentos estarán carentes de la vitalidad que se necesita para manifestar mi deseo, y éste, naturalmente, tardará en llegar. Los pensamientos y los sentimientos, es decir, la atención y la intención, son una mancuerna energética en el proceso de manifestar. Imagina que estás en un campo de golf. La pelota es tu deseo y éste debe recibir un empuje para pasar de un plano energético a otro, para que se manifieste en tu mundo. Tus pensamientos se corresponderían con la dirección que quieres darle a la pelota, por ejemplo, meterla en el hoyo tres. En cambio, tus sentimientos son el empuje, la fuerza que pondrá en movimiento a tus pensamientos, que en esta analogía se correspondería con el palo de golf. Si tus sentimientos no inundan tu ser, el empuje será leve, muy débil. La pelota no llegará al objetivo marcado y tendrás que dar varios golpes con el palo a fin de que llegue al hoyo deseado. En otras palabras, tardarás más. Lo mismo sucede cuando no hay sentimientos en tu deseo; la carencia de ellos hará que el proceso sea más lento.

Sin embargo, sin la pasión necesaria, sin ese empuje energético, puede que te sientas raro, como que algo hace falta. Incluso, puede que veas ese sueño o deseo manifestado, pero a pesar de haberlo conseguido, si no provenía realmente de las necesidades de tu ser, te sentirás ajeno a él, lo cual es normal, pues te estarás forzando a vivir según las ideas de alguien más. Naturalmente, esto te puede llevar a la insatisfacción, a sentir el desaliento. Si estás buscando manifestar deseos ajenos, estarás dejando de lado las propias necesidades de tu ser. Debes tener el valor de ser tú misma, tú mismo. Es por eso que la bitácora nos ayudará a irnos conociendo, para así, tras atravesar diferentes capas de ideas preconcebidas, llegar a la esencia de nuestro ser.

ESPIRITUALIDAD CONTRA MATERIALIDAD

A lo largo de mi experiencia en los cursos que he impartido me he dado cuenta de que muchas personas piensan que desear cosas materiales está mal, y que eso es algo que va en contra de la espiritualidad. En realidad, lo espiritual no está peleado con lo material. De hecho, puedes tener lo que realmente quieras. Sin embargo, si te sientes peleado con ese deseo, es probable que se deba a una creencia incrustada en ti; su origen puede estar en las personas de tu círculo cercano. Por ejemplo, si lo que quieres es poner tu propio negocio o ser empresario, muchas veces nos podemos desalentar al escuchar cosas como: "El dinero corrompe a las personas", "Para llegar a la cumbre debes de traicionar y hacer cosas malas", "Si tienes mucho dinero de seguro andas en malos pasos", "Los empresarios son tiranos y abusan de sus empleados"... y la lista puede seguir y seguir.

Para ejemplificar esto quiero compartirte una historia. Hace tiempo mi esposo quería comprarse una camioneta. En la búsqueda para determinar cuál sería su mejor opción comenzamos a ir a varias agencias para ver los diversos modelos de camionetas que ofrecían. Comenzó a pasarme que, cada vez que íbamos a una agencia de automóviles de alta gama, me sentía superincómoda, no por el diseño de la camioneta en sí, sino por lo que costaban. El precio de esos vehículos me causaba mucha incomodidad, pues igualaban el costo de lo que a mí de niña me dijeron que costaba una casa, por lo que no podía evitar pensar: *¡¿Cómo voy a comprar una camioneta que cuesta lo mismo que una casa?!*

Ese pensamiento estuvo rondando en mi mente durante los primeros meses del proceso de manifestar esa camioneta. Pero la cosa no terminó ahí, constantemente era bombardeada con las opiniones de varios miembros de mi familia. Me decían que no era buena idea tener un carro nuevo de agencia, ni mucho menos tener una camioneta de alta gama, pues me arriesgaba a que me fueran a asaltar o que me pasara algo malo. También escuché constantemente que no necesitaba una camioneta de ese tipo, que lo mejor era vivir con modestia y no llamar la atención.

El ruido proveniente de todas esas conversaciones y opiniones no me permitía darme cuenta de qué era lo que en verdad yo quería: ¿una camioneta de lujo?, ¿un carro promedio?, ¿un automóvil convertible?, ¿una motocicleta? Cuando comencé a identificar que esas ideas no provenían de mi sistema de creencias, sino de personas externas, fui desapegándome poco a poco de ellas; eso me dio espacio y tranquilidad para identificar qué era lo que realmente deseaba.

Algo que me ayudó mucho en el proceso fue analizar, de manera objetiva, todas esas ideas que gravitaban alrededor del deseo de comprar una camioneta. Si algunos familiares me decían que todos los que tenían ese tipo de carros de alta gama eran asaltados, comenzaba a ver los números, es decir, las estadísticas que existían acerca de dichos asaltos. Me di cuenta de que si bien era cierto que ocurrían, su porcentaje de incidencia era más bien bajo. No era algo que sucedía todos los días o a la mayoría de los dueños, sino a un número reducido de personas. En otras palabras, el riesgo que implicaba tener una camioneta de ese tipo no era mayor que el de cualquier riesgo inherente a la vida.

Te platico esta historia para que veas que, si no revisamos las creencias que poseemos sobre algo o alguien, éstas terminarán convirtiéndose en una limitación. Si no nos sentimos suficientes o merecedores de tal o cual cosa, no es porque eso que deseamos sea algo malo o incorrecto, sino que es un rollo interno que no hemos resuelto y que, a la larga, sólo será una limitante en nuestro proceso de manifestación.

Cuando yo comencé a disipar todas esas creencias que me decían sobre la camioneta, me sentí merecedora y cómoda conmigo misma. Cuando realicé ese cambio interno, cuando cambié mi percepción sobre lo que significaba tener una camioneta de alta gama, las cosas comenzaron a cambiar. Todo fluyó en paz y en armonía y, al final, la camioneta llegó a nuestra vida de una manera muy orgánica. Cuando nos sentimos alegres, íntegros y agradecidos con la Vida, nos dimos cuenta de que esa camioneta sí nos correspondía y que sí se trataba de un deseo propio.

Entonces, como moraleja, te doy el siguiente consejo: sin importar que se trate de tus papás, de tus hijos, de tus amigos, o de personas cercanas a ti, no tienes por qué comprarles las ideas limitantes que puedan proyectar sobre tu deseo. Pero si por alguna razón te hacen dudar, analízalas lo más objetivamente posible para determinar si están bien fundamentadas o sólo son opiniones que se han estado repitiendo desde una creencia limitante. **Siempre revisa y reflexiona bien el porqué y el para qué quieres algo en tu vida.**

Hay ocasiones en las que al contestar a la pregunta: "¿Para qué quiero manifestar esto en mi vida?", podremos darnos cuenta de que en realidad el manifestarlo no va a traer un cambio verdadero. Por ejemplo, si la respuesta es "para ser más feliz", tienes que analizar si en verdad tener eso te hará más feliz, ya que si lo estamos haciendo sólo para llenar un vacío emocional, manifestar nuestro deseo no será suficiente. Imagina que estás pidiendo tener una casa, una casa muy grande con muchos espacios y amplias habitaciones, pues eso te hará más feliz. Pero al obtenerla, te sigues sintiendo carente de felicidad, con un sinsabor que no te puedes quitar. Te das tiempo para reflexionar, y te das cuenta de que querías esa casa porque de niño vivías en un hogar pequeño, compartías habitación y, en el fondo, sentías un resentimiento con tus padres por no haberte dado mejores condiciones de vida. Entonces la resolución no es manifestar una casa, sino resolver los conflictos emocionales que tienes con tus padres. Deberás trabajar en tus sentimientos de aceptación y perdón. Y repito, no es que pedir una casa grande o una residencia esté mal, sino que si quieres manifestar algo para llenar un vacío emocional, existencial o de cualquier otra índole, lo que debes hacer es transformar esos vacíos, llenarlos con algo que ayude realmente a sanarlos, a transmutarlos.

Una vez más, vemos lo importante que resulta conocernos a nosotros mismos. Como te has dado cuenta, las preguntas que te propuse que contestes en tu bitácora serán muy útiles, pues las respuestas que les des serán tu brújula, tu norte hacia aquello que deseas ver manifestado en tu vida.

El recorrido que hemos realizado hasta este punto ha evidenciado que el proceso de manifestar algo no es una actividad pasiva, es decir, no nada más se trata de pedir y ya, sino que debemos de combinar la acción y la no acción en el proceso, la actividad con la receptividad. Cuando mi esposo quería una camioneta, no sólo la pedimos y ya, sino que vimos las opciones que teníamos por medio de los catálogos que existían en internet, vimos tutoriales y, lo más importante, fuimos a las agencias a verlas. Más adelante hablaré más acerca de cómo manifestar y cómo estos dos aspectos, la actividad y la receptividad, son clave en el proceso. Recuerda que todo el proceso es crucial para manifestar lo que deseas. Puede sonar muy cliché, pero la frase de "Disfruta el viaje porque es más importante que el destino" tiene toda la razón.

Quiero platicarte otra historia que nos ayudará a ejemplificar este punto. En cierta ocasión vi el anuncio de una marca de joyería, famosa por poseer los diseños más exclusivos y, por lo mismo, a precios más elevados en comparación con el promedio en el mercado. En el anuncio vi una pulsera hermosa que atrapó mi atención. De pronto comencé a visualizar cómo me vería con la pulsera, aunque sin la intención real de ir a comprarla, pues sabía que no sería barata. Mi mente me decía que si bien sí podía pagarla, podía usar ese dinero para algo más beneficioso o útil; así que, cada vez que venía a mí el deseo de usarla, rápidamente lo sacaba de mi mente pretextando que podría invertir ese dinero en algo más provechoso. Después de cierto tiempo le externé a mi esposo que me encantaba esa pulsera. En vez de decirme que estaba loca por querer algo tan caro, como pensé que me diría, más bien me dijo que fuéramos a una de las tiendas de dicha joyería para que me la probara. De inmediato me puse a la defensiva, le dije que qué pena ir a la tienda, probármela y no comprarla debido a su precio. Sin embargo, insistió y fuimos a verla. Ya en la tienda, estaba superemocionada con la pulsera, sobre todo cuando la chava que nos atendía se acercaba a mí con ella. Cuán grande fue mi decepción al verla. Ya en físico no me pareció tan hermosa. Aun así me la probé. Ni me gustó cómo se sentía ni cómo se me veía. Nos fuimos sin comprarla.

De regreso a la casa me puse a pensar en todo el tiempo y energía que había invertido en querer tener esa pulsera, cuando en realidad no me gustaba tanto. Y aunque el hubiera no existe, el aprendizaje fue: si desde un principio hubiera sido más decidida, habría ido a la tienda en primer lugar y, al habérmela probado, me habría dado cuenta de que no me gustaba. El anuncio me había hecho creer que la necesitaba y que, debido a su sofisticación, de seguro se trataba de una pieza hermosa de joyería.

Además de ver la importancia de tomar acción durante el proceso de manifestar algo, vemos cómo es que muchas veces la mercadotecnia y las costumbres en general nos hacen pensar que necesitamos tal o cual marca de renombre para sentirnos especiales. Aquí pasó lo contrario a la camioneta, así que, si estás deseando algo de marca o costoso sólo porque crees que poseer tal o cual producto te dará estatus o admiración, deberías reconsiderar ese deseo y más bien ir a reconciliarte con las emociones o creencias que originaron dicho anhelo. Si te pones a pensar en el caso de la pulsera, por la misma cantidad de dinero o menor, bien pude ir con un maestro joyero para que me hiciera un diseño exclusivo y acorde a mi gusto.

Al hacer el ejercicio de las preguntas identifiqué que sí quería una pulsera, así que ese deseo era sincero; sin embargo, al enfocarme tanto en querer la pulsera de esa joyería de lujo no estaba dándome permiso de considerar otras opciones. Por lo tanto, durante el proceso de manifestar, es importante enfocarnos en el *qué quiero*, pero hay que dejar que el Universo nos muestre los diversos medios que tenemos a nuestro alcance para conseguirlo. Más adelante regresaré sobre este punto.

Para cerrar este apartado, quiero hacer una reflexión final acerca de la espiritualidad y la materialidad. Una creencia muy incrustada en la mayoría de las personas es que la espiritualidad es lo contrario de lo material, es decir, o se es espiritual o se es material. Pues esto no es así, la espiritualidad es un aspecto muy amplio que lo abarca todo, incluyendo lo material. Al ser seres espirituales que estamos en este plano físico teniendo experiencias materiales, necesitamos de la coexistencia de ambos ámbitos. Necesitamos que estén en equilibrio para vivir en armonía. Así que agradece por todas las bendiciones materiales que tienes en tu vida, agradece por todas las lecciones que se te presentan, pues ayudan a que cada vez más poseas una amplitud mayor de conciencia.

¿ESTO ES MÍO O ES UN BERRINCHE?

Esta pregunta es muy útil al momento de estar identificando si aquello que yo deseo manifestar proviene de mí o de alguien más, o si es para mí o para alguien más, o como dice la pregunta, si se trata de un berrinche mío. Ya sabemos que la espiritualidad no está peleada con la materialidad, por lo que, mientras tu deseo sea sincero, no importa qué tan pequeño o grande sea aquello que estés pidiendo. No importa si parece una locura, algo muy disruptivo, algo imposible, un total derroche... nada de eso importa siempre y cuando sea algo de ti para ti.

Los problemas o inconvenientes surgen cuando aquello que pedimos no es realmente por iniciativa de nosotros, sino por la de alguien más; cuando nuestra petición es un berrinche. Si lo que yo quiero manifestar es para atraer la atención de alguien, para persuadir a alguien de que haga determinada acción, para aparentar que tengo poder e importancia, para demostrar que soy alguien valioso, entonces no estoy manifestando para mí, sino para alguien más. Si hacemos esto, lo único que vamos a conseguir es que las cosas no pasen como las planeamos y nos sentiremos mal o vacíos con nosotros mismos. Como ya lo mencioné antes, ese vacío no se saciará, por lo que, una vez que consigas manifestar lo que te propusiste, vas a necesitar más y más cosas para seguir aparentando, para seguir atrayendo gente.

Un claro ejemplo de esto lo podemos encontrar en las relaciones afectivas, con la típica persona que desea algo para llamar la atención de su *crush*. Razonamientos como: "Necesito tener ese carro para que acepte ser mi novia", "Si no poseo ese reloj de lujo, no me querrá", "Si mis compañeros de trabajo me ven llegar en un carro último modelo, me van a respetar más"... si lo que quieres manifestar tiene que ver con el qué dirán los demás, entonces ten por seguro que ese deseo no es tuyo, no es para ti.

Para identificar si es un deseo sincero, te aconsejo que te hagas la siguiente pregunta: ¿si nadie se enterara de que conseguí aquello que quiero, aún lo desearía manifestar? Regresemos al ejemplo de la camioneta que quería mi esposo. Antes de que la tuviéramos, yo me hice esta pregunta: si ya tuviera la camioneta, y no se la enseño a nadie, no le platico a nadie que ya la tengo, no publico nada al respecto en las redes sociales, ¿aún la desearía? Tras analizar estas preguntas, me di cuenta de que sí, que sí la querría a pesar de que nadie supiera nada. Tenerla en mi vida y disfrutarla con mi esposo era algo que visualizaba constantemente, y esa visualización me hacía sentirme feliz (claro, una vez que hice a un lado las creencias que no me pertenecían y que ya te platiqué).

El problema radica cuando la respuesta es no. Si sabes que nadie o muy pocos sabrán sobre tu manifestación y eso no te gusta, debes reconsiderar ese deseo. Imagina que por un momento, al haberme hecho la pregunta en el proceso de manifestar la camioneta, mi respuesta hubiera sido no porque... *quiero llegar a la reunión familiar y que todos me vean con mi camioneta... quiero subir las fotos a mis redes sociales para que mi ex la vea... quiero que mi vecino me vea llegar con ella y sienta envidia... quiero ser el centro de atención cuando vaya a un centro comercial...* si éstas hubieran sido mis respuestas, significaba que estaba viviendo para alguien más. Si hubiera sido el caso, tendría que haber analizado, en primer lugar, de dónde provenía esa necesidad de reconocimiento o de presunción, para así trabajar internamente en ello.

Ahora bien, para alguien que está acostumbrado a hacer procesos de introspección, es posible que el origen de ciertas emociones o pensamientos sea muy claro, pero si no lo es, no está de más que acudas con expertos que puedan ayudarte a identificar y sanar dichos aspectos en ti. Acudir con un psicólogo o ir a una terapia alternativa pueden ser procesos que te ayuden a conocerte mejor y, por lo tanto, a facilitar tu proceso de manifestación.

Reitero, debemos ser muy sinceros con nosotros mismos, pues muchas veces, de manera consciente o inconsciente, podemos autoengañarnos o, peor aún, autosabotearnos en nuestros procesos de autoconocimiento y, por ende, en los de manifestación. Y es que el autoengaño puede darse de formas muy sutiles.

He visto varios casos en que las personas desean ayudar a la gente o crear asociaciones para ello, y está muy bien, pero en este tipo de deseos también debes de aplicar el filtro de las preguntas: ¿si nadie supiera que soy yo quien está detrás de la asociación, aún me gustaría tenerla? ¿Me gustaría continuar con este proyecto a sabiendas de que el nombre de la asociación no llevará mi nombre o algo que me identifique? Si la respuesta es sí, entonces tu deseo de ayudar es sincero. Sin embargo, si quieres que todo mundo sepa, y que la asociación lleve tu nombre, y que todos se enteren de que eres tú quien está tras bambalinas, y que todos reconozcan que eres una persona increíble y superbuena, lo más probable es que esta petición surja porque quieres confirmar algo, porque necesitas del reconocimiento y la aprobación; entonces los motivos de tu manifestación estarán basados en carencias emocionales o en un berrinche.

El problema de vivir una vida a base de berrinches es que tarde que temprano se volverá muy cansado, porque a la larga, nada será suficiente, siempre estarás buscando más y más cosas para suplantar ciertos desórdenes internos, las expectativas serán tan inviables, que la frustración y la desesperación estarán en tu día a día, y no porque no puedas manifestar esas cosas, lo puedes hacer, claro que sí, pero los límites entre la aspiración y la ambición son muy sutiles: si constantemente estás pensando en cuál será la siguiente cosa a manifestar, puedes empezar a centrar tu atención en el futuro, olvidándote de vivir tu presente. Comenzarás a tener una actitud de ingratitud y nada será suficiente. Es por ello que te recomiendo que añadas la siguiente pregunta al momento que estés reflexionando sobre aquello que deseas manifestar: ¿qué tanto ego tiene mi petición? Sé que la respuesta a esta pregunta puede ser muy variada, pues dependerá de nuestro sistema de creencias, por lo que será muy subjetiva. Para más o menos ubicarnos y tener una idea en este aspecto, observa la siguiente figura:

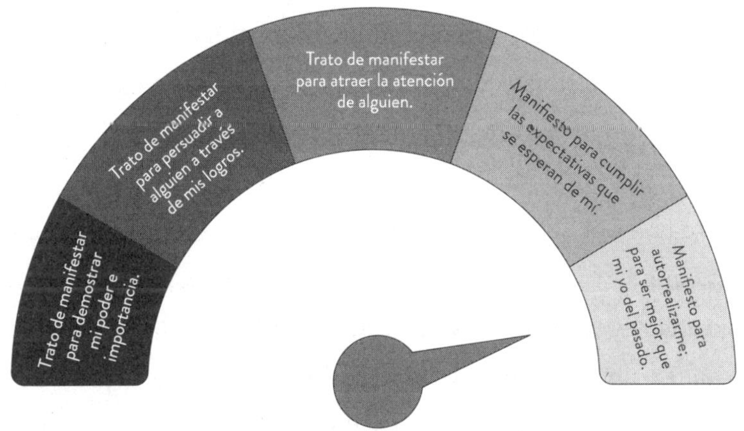

Te presento el berrinchómetro. Como puedes ver, cada color está relacionado con una idea en particular, una posible respuesta a la pregunta: "¿Qué tanto ego tiene mi petición?". Por supuesto que no se incluyen todas las respuestas, pero te ayudará a ubicarte en uno de los colores. Recuerda que si mi deseo de manifestación posee mucho ego, hay que reconsiderarlo, hay que hacer cambios internos en primer lugar.

Derivado de lo anterior, constantemente me han preguntado: "Oye, Karla, fíjate que ya identifiqué que mi petición sí tiene mucho ego, pero por más que le doy vueltas, no sé cómo disminuirlo, no sé cómo avanzar". Lo primero que quiero decirte es que no te sientas mal ni seas duro contigo mismo, ya que la sociedad en la que vivimos inmersos, al menos en el contexto de la cultura occidental en general, y de México en particular, nos ha inculcado un fuerte sentido de la competencia y de la materialidad, por lo que muchas veces nos centramos tanto en la imagen de nosotros mismos, que terminamos por creer que el universo gira alrededor de nosotros, lo que causa que seamos egoístas, altaneros y orgullosos.

Bueno, algo que resulta muy útil en el tema del ego tiene que ver con lo que yo denomino "Conexión Vital". Unas páginas atrás te comenté que en el proceso de manifestación existen dos etapas que se dan de manera conjunta y paralela, que son la actividad y la receptividad. La actividad es todo aquello que yo tengo que hacer para que suceda mi deseo, es todo lo que tiene que ver con mis capacidades como individuo. Por ejemplo, en el caso de la camioneta, hubiera sido ilógico que quisiera tener una en mi vida y nunca visitar agencias automovilísticas o ver modelos por internet. Yo necesitaba hacer activamente esa búsqueda para ver mis opciones. Otro ejemplo sería que me propusiera hablar francés, pero si nunca me inscribo a ninguna escuela, ni tomo algún curso, ni leo ningún libro para aprender francés, difícilmente, por no decir imposible, lograré hablar francés. Necesito hacer la parte que me corresponde; ésta es la fase de actividad. Sin embargo, es claro que no podré hacer todo por mí misma, y no porque no tenga la capacidad, sino porque hay ciertos factores en el proceso de manifestación que, estrictamente, no dependen de mí. Dependen de tu Conexión Vital, que no es más que la relación que guardas con algo superior a ti, llámese Dios, Universo, Energía, Guías Espirituales, el Todo, el Cósmico, tu Ser Interno. Incluso si eres ateo o agnóstico, de seguro tienes convicción en las leyes de la naturaleza, como la gravedad o la termodinámica. No importa cómo conceptualices esta Conexión Vital, lo importante es que sientas ese vínculo especial de que eres parte de algo más grande, que hay algo que nos sobrepasa y que es inefable, es decir, que no lo puedes explicar con palabras. Dios o la infinitud del Universo son inabarcables. Tal vez esto te haga sentir minúsculo. A mí me pasaba lo mismo al principio. Te daré un consejo que me ayudó mucho a establecer esta conexión y que te aconsejo que lo pongas en un post-it o en una nota en tu celular: *en toda la vastedad del universo, no existe otra persona igual a mí.* ¿Te das cuenta de lo que esto implica? No importa que haya millones de habitantes en el planeta, no importa que existan miles de millones de galaxias en el espacio, no existe nadie igual a mí. Incluso si tuviera una gemela, nuestra esencia sería diferente. Cuando reconoces este punto, sabes que eres un ser especial, por lo cual no necesitas del ego para sobresalir de entre los demás. Te das cuenta de que todos compartimos este mismo aspecto especial de que somos únicos e irrepetibles.

Esta Conexión Vital es de suma importancia porque nos pone en perspectiva y nos da humildad. La otra parte del proceso de manifestación, la receptividad, tiene que ver con este punto. Cuando nos ponemos en estado de receptividad, nuestra Conexión Vital nos guiará, a cada uno de nosotros, de formas diversas. Ya sea por medio de cosas sutiles como ver un número, una palabra, una imagen, escuchar un sonido, percibir un olor... hasta cuestiones más místicas como la intuición, una visión o una certeza férrea. No importa cómo te hable esta Conexión, lo importante es que prestes atención y no dudes de ella.

Voy a ponerte un ejemplo. Regresemos al caso hipotético en el que yo quiero aprender francés. Comienzo a buscar escuelas, pero ninguna me convence o no encuentro una que se adapte a mis necesidades. Así pasan los días, y por más activa que sea mi búsqueda, no logro dar con la escuela que quiero. Entonces, un día, mientras voy de regreso a casa, se me poncha una llanta del auto. Al bajarme para poner la de refacción me doy cuenta de que justo en el lugar donde ocurrió el accidente hay una escuela de idiomas que cubre las expectativas que estaba buscando. O tal vez, cierto día, traigo en mente a una vieja amiga, y siento la necesidad de llamarle; no sé por qué, pero siento que debo contactarla. Al hacerlo, durante la llamada, me platica que está muy feliz porque por fin su esposo va a poner esa escuela de francés que tanto deseaba. Al saber más al respecto, me doy cuenta de que es la escuela que estaba buscando.

Los casos anteriores son tan sólo un par de ejemplos, pero las posibilidades pueden ser muchas. Más adelante te seguiré platicando de esta conexión que es superimportante. Por el momento, tenerla en cuenta nos ayudará a superar el tema del ego y de los berrinches implicados en nuestro proceso de manifestación. Ojo aquí, no es que el ego sea malo o que debamos deshacernos de él; no, claro que no, al ser parte de este plano terrenal de existencia lo necesitamos, es una herramienta que nos puede ayudar mucho si la sabes usar, pero a la vez perjudicar bastante si no la controlamos. Y es que no se trata de quitarnos el ego, sino de dominarlo y ponerlo de nuestro lado. La siguiente analogía te ayudará a entenderlo mejor: imagina que tu esencia es un jinete y que tu ego es un caballo. Si el caballo está desbocado, si es indisciplinado, nos va a llevar a donde él quiera, a pesar de que nosotros como jinetes queramos ir a otro lado. Si nos deshacemos del caballo tendremos que ir a pie y nuestra travesía no sólo será más tardada, sino que será muy cansada. En cambio, si domestico al caballo, lo entreno y hago que esté alineado con mis deseos, podré llegar a mi destino de una manera más rápida, cómoda y apacible, siempre y cuando, por supuesto, trate bien al caballo, lo alimente, lo deje descansar e incluso recrearse de vez en cuando por las verdes praderas. Entonces ya lo sabes: no debemos de ser tan duros con nosotros mismos. Si en el proceso nos damos cuenta de que estamos manifestando de una forma no adecuada, no te preocupes, siempre hay tiempo de reivindicar el camino, de empezar de nuevo con mayor conocimiento y perspectiva. Trátate bien, háblate con amor. Ya verás que conforme vayas practicando esta Conexión Vital, ésta cada vez se hará más fuerte y el proceso de receptividad se dará de una manera más fluida.

BITÁCORA DE SEGUIMIENTO

¿Recuerdas que en páginas anteriores hablamos de la importancia de tener una bitácora? Pues ahora voy a platicarte más sobre esto. Otra forma de poder solucionar el tema del ego es por medio de un seguimiento consciente en el que nos estemos monitoreando. Deja te explico. Debes saber que el origen de la bitácora se remonta a la navegación. Era un cuaderno que se resguardaba en un mueble cerca del timón y en el que se iban escribiendo las experiencias del viaje, principalmente los problemas y cómo los habían resuelto. Esto era de suma importancia pues, en un futuro, cuando otro capitán o tripulante pasara por un inconveniente que ya había ocurrido, bastaba con ver la bitácora para saber qué hacer.

Quiero destacar aquí un aspecto: el viaje. Así como lo usaban los marineros en la navegación, nosotros usaremos esa bitácora para orientarnos en nuestro proceso de manifestación en particular, y en la vida en general, ya que la vida es justamente eso, un viaje; hay que disfrutarlo y hacerlo más llevadero. Como navegantes en este mar de energía, en este mar de resonancias, vamos a plasmar en la bitácora nuestras experiencias, descubrimientos, aventuras, recurrencias, sueños, impresiones, aprendizajes, dudas, reflexiones, proyecciones, expectativas, planes, metas, conclusiones y todo aquello que nos ayude a fijar un norte en nuestra vida. Y aunque realmente no importa mucho el material y tamaño de esta bitácora —que puede ser desde una libreta de taquigrafía hasta un cuaderno empastado—, pues lo relevante será lo que escribas en ella, te recomiendo que trates de hacerla lo más personalizada posible. Ya sea que la forres con algún papel que te haya gustado, le pongas márgenes de colores, colorees sus páginas, dibujes en ella, le pegues stickers, lo que tú quieras. Mientras más especial la hagas, más sentirás la resonancia con ella.

¿Cómo empezar a usar la bitácora? Lo primero que aconsejo es que hagas una portada y le pongas tu nombre completo. Después, en una hoja aparte, escribe las 10 cosas principales que deseas manifestar, en orden de prioridad, siendo la número uno la que tendrá mayor preferencia y la 10 la que tendrá la menor. Luego, en otra hoja y a manera de título, pondrás ese primer objetivo y la fecha en la que lo escribiste. Si se trata de encontrar un mejor empleo, el título podría ser "El trabajo de mis sueños". Posteriormente vas a escribir y contestar cada una de las preguntas que ya te mencioné páginas atrás, las cuales son:

- ¿Qué creo que quiero?
- ¿Por qué lo quiero?
- ¿Para qué lo quiero?
- ¿Qué pasaría en mi vida si esto se manifestase?
- ¿Qué me incomoda de recibir esto?
- ¿Qué tanto ego tiene mi manifestación?

Una vez que hayas contestado sinceramente cada una de estas preguntas vas a dedicar diariamente de tres a 10 minutos a revisar qué es lo que has hecho activamente para que eso que quieres manifestar se dé; asimismo, también escribirás aquellas experiencias o situaciones que tienen que ver más con la receptividad, ¿qué señales viste?, ¿tuviste algún sueño relacionado?, ¿llegó algo o alguien a tu vida que te ayudará a manifestar eso que quieres?

Ahora bien, ya vimos lo importante que es resonar en energías positivas, por lo que la bitácora también nos ayudará para que expresemos cómo nos sentimos física, emocional, mental, sentimental y espiritualmente. Nos ayudará a revisar nuestros hábitos y saber en qué invertimos nuestro tiempo diario. Verás que comenzaremos a hacernos conscientes de aspectos en nuestra vida que antes no veíamos. Puedes iniciar con la pregunta más elemental: ¿cómo estuvo mi día? He ido añadiendo más preguntas si lo crees necesario. ¿Qué ocurrió hoy? ¿Qué fue lo mejor y lo peor de mi día? ¿Qué me enseñó hoy la vida? ¿Detecté alguna coincidencia, patrón o causalidad?

Si te cuesta trabajo encontrar las respuestas, ten en cuenta lo siguiente: algunas personas me han compartido su incapacidad para expresarse de manera escrita, por lo que les sugiero que otra forma en la que pueden llevar a cabo este monitoreo es por medio de un chat consigo mismas. En vez de escribir, vas a dictar las respuestas a tus preguntas. La desventaja de esta técnica es que puede llegar a ser un tanto caótica si no organizas los archivos de manera correcta, por lo que debes de ponerles un título o etiqueta que ayude a identificar el tema y la fecha. De igual manera, si la escritura en papel te parece anticuada —aunque ten en cuenta que escribir a mano tiene efectos terapéuticos y ayuda a desarrollar ciertos procesos cognitivos, a establecer redes neuronales—, puedes hacer uso de alguna aplicación o herramienta de notas digitales, como Google Drive, Evernote, Notion, Sticky Notes, en fin, las posibilidades son amplias. Ten la libertad de adecuar este proceso acorde a tu personalidad y habilidades; asegúrate de que se sienta natural y conecta con la actividad.

No olvides hacer evaluaciones o revisiones periódicas, pues nos ayudarán a saber qué tanto hemos avanzado, nos dirán si realmente estamos trabajando en nuestro proceso de manifestación. Ya sea que lo hagas cada semana, mes, bimestre, trimestre o semestre, fija las fechas en las que revisarás cómo va tu proceso. La periodicidad de estas revisiones dependerá de la naturaleza de tu manifestación. Además, cada vez que hagas estas evaluaciones, así como cada vez que escribas en tu bitácora, recuerda agradecer por todo, tanto por lo bueno como por lo malo, ya que todo ello suma a tu experiencia y aprendizaje. La gratitud nos conecta con una energía positiva que es como un amplificador de nuestras resonancias, por lo que debes practicarla constantemente, de preferencia a diario.

Finalmente, para cerrar esta sección y este capítulo, quiero compartirte una frase que pertenece al Kaizen. El *Kaizen* es una palabra japonesa que significa "bueno" y "transformación" que, en otras palabras, se refiere a un proceso de mejora personal. La frase en cuestión es: "Hoy, mejor que ayer; mañana, mejor que hoy". Reflexiona en la profundidad de esta frase y aplícala en tu vida. Si centramos nuestra atención en mejorarnos a nosotros mismos en todos los aspectos, vamos a comenzar a cambiar nuestra frecuencia y, por ende, vamos a resonar con mejores cosas en el Universo. Ayudaremos a que el proceso de manifestación sea más "sencillo" y pleno.

3
¿CÓMO MANIFESTAR?

El Universo siempre me da exactamente
lo que yo necesito para vivir en la frecuencia
en la que le doy mi atención la mayor
parte de mi tiempo.

Es esencial que mi corazón esté claro sobre
mis más profundos deseos, y mi atención esté
ahí la mayoría de mi tiempo.

Y que constantemente me anime a mí misma
y me mantenga abierta a recibirlo de la manera
en la que el Universo crea mejor para mí.

Este capítulo comienza con un texto con el que siempre inicio mis cursos sobre manifestación. Para que quede mejor explicado por qué lo uso y la importancia que tiene voy a desmenuzar cada una de sus partes:

1) **El Universo siempre me da exactamente lo que yo necesito para vivir en la frecuencia en la que le doy mi atención la mayor parte de mi tiempo.** Ya vimos en el capítulo anterior lo vital que es resonar con aquello que deseamos. Sin embargo, de nada sirve que haga mil y una cosas si no estoy haciendo lo correcto. Por mucho que vaya al yoga una hora al día, si mi mente no está prestando atención a la práctica de yoga y constantemente estoy enfocando mi atención en mis carencias, el yoga no va a ayudarme en mi proceso de manifestación. La mente no conoce de bromas, así que tenemos que hacernos conscientes de en dónde estamos poniendo nuestra atención e intención. Pondré un ejemplo. Haz tres respiraciones profundas. Cuando finalices, trae a tu mente la imagen de la Torre Eiffel de París. Sin importar si

la conocemos en persona o no, todos sabemos cómo es, pues forma parte del acervo cultural de la mayoría de nosotros. Sin embargo, si no la conoces, te invito a que investigues sobre ella. Ve imágenes en internet y considera las características y puntos sobresalientes sobre esta construcción. Cuando lo hagas, deja la imagen de la Torre en tu mente por un par de minutos. Cuando finalices di lo siguiente: "No pienses en la Torre Eiffel". Repítelo constantemente. Dime, ¿pudiste no pensar en la Torre Eiffel? Por supuesto que no, pues nuestra mente y memoria trabajan de manera asociativa, de manera que al escuchar el nombre, inmediatamente aparece en tu cabeza, aunque sea por unos segundos. Es por ello que al negar o rechazar algo, en realidad lo estamos atrayendo a nuestra vida. Al enfocarnos en los aspectos negativos de algo lo único que hacemos es reforzarlos, pues la mente no conoce de bromas. ¡Impresionante!, ¿verdad? Piensa en cuántas veces has atraído cosas desagradables por no saber cómo pedir lo que realmente deseabas, por no resonar en la frecuencia adecuada.

2) **Es esencial que mi corazón esté claro sobre mis más profundos deseos, y mi atención esté ahí la mayoría de mi tiempo.** Nuestros pensamientos y sentimientos son fundamentales en el proceso de manifestación. No basta con sólo ver qué es lo que queremos, sino que debes sentirlo. Por ejemplo, si yo deseo irme de vacaciones a la playa, no basta con sólo ver la escena, sino que también debo de sentir el calor en mi cuerpo, la sensación del aire, la arena en mis pies. Sin embargo, si quiero irme de vacaciones, pero no sé a dónde,

me costará más trabajo manifestar ese deseo; si no sé si me iré al bosque, a la playa o a una montaña, no podré incluir las sensaciones adecuadas y, por lo tanto, el proceso de manifestación será más tardado y cansado. Una analogía de esto sería como ir en un automóvil: comienzas tu recorrido hacia un destino, pero poco después de iniciar el trayecto lo cambias porque mejor pensaste en otro lugar; si constantemente modificas el destino del trayecto, no sólo tardarás más en llegar, sino que el medio, en este caso el automóvil, requerirá de mayor gasolina y mantenimiento. Todo habría sido mucho más fácil si desde un principio hubieras establecido el destino, si lo hubieras planificado. Sobre este punto volveremos más adelante en el capítulo dedicado a la claridad.

3) **Y que constantemente me anime a mí misma y me mantenga abierta a recibirlo de la manera en la que el Universo crea mejor para mí.** Iniciar un proceso de manifestación implica muchos cambios, por lo que salir de la inercia de la costumbre puede ser complicado, nos puede generar inseguridad, duda y hasta miedo. Es por eso que debemos animarnos constantemente, echarnos porras a nosotros mismos y sentirnos merecedores y listos para recibir lo que hemos pedido, siempre con la perfecta apertura mental y flexibilidad para entender que el Universo sabe qué es lo que mejor nos conviene. Tal vez estemos pidiendo una motocicleta, pero el Universo nos está mandando un automóvil. Si nos enfocamos demasiado en el qué, cómo y cuándo lo quiero, puede que dejemos de lado muchas mejores oportunidades (recuerda revisar el berrinchómetro).

En cierta forma, el texto anterior es una síntesis de lo que tenemos que hacer para manifestar un deseo, siempre tomando en cuenta que es el proceso y la materialización de lo que tú quieres en tu vida. Ten en cuenta esta definición, ya que muchas veces manifestar se confunde con tener. Manifestar no es sólo poseer algo, sino un proceso que ponemos en movimiento constantemente. No es que pasemos de una vida carente de manifestación a otra llena de ella. No, esa idea es incorrecta, pues básicamente toda nuestra realidad es la manifestación de algo que pensamos en el pasado, no importa que se trate de algo pequeño o de algo supergrande. Si encontraste una mejor oferta de un producto que pensabas comprar, si encontraste a tu pareja ideal, si llegaste a tu destino fijado, si conseguiste la casa que siempre quisiste, en fin, todo lo que existe a tu alrededor, es el resultado de los pensamientos con los que resonaste en el pasado.

Todo el tiempo estamos manifestando, sólo que la mayoría de las veces no somos conscientes de ello. A veces es tan sutil o sencillo, que simplemente no lo vemos como un proceso de manifestación. Por ejemplo, ¿no te ha pasado que se te antoja una nieve de chocolate y que justo unos minutos después, por alguna razón, tuviste que llegar al súper a comprar algo y ahí estaba esa nieve que se te antojó? Pues aunque parezca algo sencillo o casual, eso es manifestar. Es por ello que no es que empecemos a realizarlo como si nunca lo hubiéramos hecho, lo que este libro quiere enseñarte es a manifestar de una forma más consciente, para que alcances un estilo de vida más abundante. En otras palabras, que todos esos grandes sueños, y todas esas cosas ricas, sabrosas, divertidas y bonitas, te comiencen a pasar cada vez más seguido y más rápido, por decirlo de alguna manera, pues la frecuencia y el tiempo son relativos para cada personalidad.

¿LA RECETA MÁGICA?

Ya te platiqué en la introducción que este tema de la manifestación no es algo nuevo, no es una moda, sino que ha existido a lo largo de los años, a veces como un conocimiento supersecreto y otras veces como algo muy común. Es por ello que si investigas más sobre el tema, es posible que te encuentres con diferentes metodologías o formas de llevar a cabo la manifestación. En primer lugar déjame decirte que no se trata de encontrar una receta o fórmula mágica que no tiene fallas, sino que el proceso o la forma en que conseguirás la manifestación de algo depende de muchos factores. Podrás ir modificando los pasos para conseguirlo de acuerdo con tu experiencia con manifestaciones ya conseguidas y comprobadas. Por eso es superimportante que no te alejes de tu bitácora, que realmente la utilices y la consultes para ir armando tu experiencia.

Pero no te preocupes, sé que al principio no es tan sencillo identificar los pasos y el proceso. Es por eso que te voy a compartir lo que a mí me ha funcionado de maravilla y que uso constantemente en mi día a día. Chécate los siguientes pasos:

1) Encontrar la claridad.
2) Hacer la petición de manera correcta para que Dios o el Universo nos mande lo solicitado.
3) Preparar el terreno.
4) Recibir la manifestación.

Sencillo, ¿no? Así, sin tanto rollo. Cada uno de esos pasos los iremos viendo a profundidad en los próximos capítulos, pues cada uno es un capítulo en sí mismo. Lo que sí quiero que fijes en tu mente es que para poder manifestar algo, debemos soltar la necesidad de tener el control. Aunque quisiéramos, las manifestaciones en nuestra vida no llegan de manera lineal, ni exactamente como lo planeamos, por lo que es importante estar abiertos a recibir de cualquier manera. ¿Qué quiere decir? Bueno, déjame te explico. Muchas veces me he topado con personas que se aferran a manifestar cosas muy específicas, y cuándo les pregunto por qué quieren eso, me doy cuenta de que en realidad lo que desean manifestar es otra cosa. Me han dicho: "Oye, es que quiero ganar una demanda, laboral o de divorcio, porque con ese dinero quiero comprar un refri", "Quiero que esta persona me pague lo que me debe porque me hace falta un refri". Aquí lo que está pasando es que se están enfocando en una sola manera para lograr su manifestación, pero al hacer eso, están descartando muchas posibilidades más. Es muy común que esto suceda, que además de poner el "qué quiero", le agrego el "cómo lo quiero". El cómo le toca Dios o al Universo. Créeme, ellos conocen más las diversas posibilidades de las que puedes disponer para alcanzar eso que deseas.

El problema es que si nos la pasamos enganchados en una situación en la que jamás tendremos el control y en la que sólo nos la pasamos peleando, y en el fondo sabemos que no nos interesa, pues lo que sí queremos es otra cosa, es mejor que seamos claros con nosotros mismos y nos digamos: "Okey, quiero recibir esto —el refri, tal vez— y suelto el control de la situación"... vas a ver cómo pasarán muchas cosas inesperadas y que te van a dar la solución de maneras que tal vez ni siquiera te habías planteado. Si retomamos el caso del refri, es posible que encuentres uno en rebaja, o que alguien compró uno nuevo y te regaló el anterior, o te mudaste a un departamento que está amueblado y ya tiene un refri, en fin, las opciones pueden ser muchas, lo importante es que estemos abiertos a las infinitas posibilidades que el Universo rico tiene para nosotros.

ENTENDIENDO LA ABUNDANCIA

Ya vimos que los sistemas de creencias nos afectan cañón al momento de querer manifestar algo, pues son las programaciones que nos limitan o nos ayudan en el proceso. Una de las creencias que he visto repetirse en la mayoría es acerca del dinero y, por ende, acerca de la abundancia y la prosperidad. Es frecuente que las personas piensen "tengo mucho dinero, entonces tengo abundancia". Sin embargo, el dinero es una energía, una herramienta que está ahí para que la usemos. Tenerlo o no, no necesariamente significa que somos abundantes. Puedes tener mucho dinero y no ser abundante ni próspero, o por el contrario, tener poco dinero y tener mucha abundancia en tu vida.

Para que esto quede más claro, te voy a compartir una *story time* sobre la mejor amiga de la mamá de un amigo (sí, ya sé cómo suena esto, pero te juro que es verdad). Para no mencionarla directamente, me referiré a ella como Sara. Todos los que la conocemos sabemos que Sara nunca pierde la oportunidad para decir que es raro que tenga dinero. Sin embargo, se la pasa viajando: de pronto te enteras que está en otra localidad, en otro estado, en otro país y hasta en otro continente; algo realmente admirable. Incluso construyó su casa e hizo muchas cosas que parecían imposibles. Sin embargo, ella dice que no tiene dinero, y podrá no tenerlo, pero posee mucha abundancia. Todo le fluye a esta señora de manera increíble. Todas las necesidades que tiene las satisface de alguna u otra forma. Una vez Sara me platicó que ella se comunica con el

Universo para conseguir todo lo que le ha llegado a su vida. Por ejemplo, si quiere viajar dice: "Universo, si crees que necesito ir a tal viaje para ayudar a ciertas personas, por favor, dámelo"... y pareciera que "mágicamente" le llegan los recursos de las formas más inesperadas: alguien le transfiere dinero, hace alguna buena obra y la remuneran por ello, alguien le paga algún dinero que le debía, le sale trabajo extra, le regalan o se encuentra cosas que después vende, en fin, la lista podría seguir creciendo.

Algo que a mí me impactó y que me enseñó mucho fue el tema de la construcción de su casa. Una vez, en cierta reunión, fuimos a comer a la casa de un amigo que Sara y yo tenemos en común. Estando en la sobremesa, alguien preguntó por qué había muchos ladrillos y azulejos en el pasillo (en realidad había varios materiales de construcción). Pues resulta que mi amigo dijo que estaban ahí apilados porque acababan de hacer unas remodelaciones y les había sobrado ese material, que ya llevaban rato tratando de deshacerse de él, pero que por una cosa u otra no lo habían podido hacer. En eso, Sara lo interrumpió y le dijo que si se lo permitían, ella se los llevaba, ya que justamente estaba construyendo su casa y le serían de gran ayuda. Con toda naturalidad, mi amigo le dijo que sí. Fue una ayuda mutua para ambos, un ganar-ganar.

Sé que suena increíble y muy mágico, pero así es como Sara ha conseguido y logrado muchas cosas en su vida: siempre resuena con aquello que necesita y el Universo se lo manda. Está atenta a las señales y mensajes que la Vida le presenta en cada instante. Repito: puede que esta señora no tenga dinero, pero tiene toda la abundancia que necesita.

Personalmente, cada vez que necesito algo, tengo la confianza de que va a llegar a mí, en el tiempo perfecto, con las mejores características, en oferta y lo más bonito y perfecto que pueda ser. Es superimportante confiar en el proceso, tener la certeza de que el Universo o Dios van a proveernos de la mejor manera.

Así que no cierres tu mente a las posibilidades y oportunidades que lleguen a tu vida, pues hay un chorro de formas en las que nuestras necesidades y deseos pueden ser cubiertos. Esto es abundancia, pero por lo que nos han dicho desde que estábamos chiquitos, muchas veces pensamos que abundancia es tener mucho dinero de sobra, tener los millones y gastarlos aquí y allá, pero en realidad abundancia es saber que hay un montón de oportunidades increíbles y que todo lo que pedimos se nos dará y de manera fluida, y cuando digo todo, en realidad es todo, desde cositas como encontrar un lugar de estacionamiento, realizar algún trámite de forma armoniosa, comprar algo en oferta, hasta cosas más grandes como viajes, coches o casas. Si tenemos una actitud flexible y abierta a la abundancia del Universo, cualquier cosa que pidamos va a fluir en ese mar de energía, va a avanzar y te va a ir bonito. ¡Compruébalo! Pon esto en práctica y observa los cambios que se generan a tu alrededor. Te apuesto que te vas a sorprender.

4

MANERAS DE MANIFESTAR

Ya te dije más o menos que existen muchas maneras en las que podemos manifestar aquello que queremos en nuestra vida. Actualmente hay muchos métodos, pasos, metodologías, cursos... hay tanta información que nos podemos confundir. No importa eso, lo que en verdad importa es que tenemos que sentirnos cómodos con nosotros mismos, que el proceso de manifestación sea algo que haga clic con nuestra rutina diaria y, sobre todo, con nuestro sistema de creencias. Manifestar no es hacer un pacto con algo o con alguien, sino que es un proceso natural que desarrollamos de la mano de Dios, la Energía o el Universo, como sientas más cómodo nombrarlo, y es que de eso de trata, el proceso tiene que hacernos sentir genuinamente bien, en tranquilidad y buena onda.

Sentirnos cómodos con el proceso también implica que nos quitemos ideas preconcebidas. Por ejemplo, muchas veces pensamos que tenemos que hacer cosas gigantes para manifestar, que nos la vamos a pasar un año entero frente al espejo haciendo afirmaciones, pero la cosa no va por ahí. Pequeñas acciones nos pueden llevar por el camino que deseamos transitar, nos pueden ayudar a manifestar lo que queremos. En vez de tratar de hacer estos superesfuerzos, que muchas veces son irreales, en lo que debemos centrar nuestra atención es en hacernos conscientes de que queremos manifestar algo, para así darnos permiso de ir tras ello y decirnos que nos sentimos listos para recibirlo. Hay que sentirnos merecedores.

Recuerdo que una ocasión estaba muy estancada en el número de seguidores en Instagram, pues ya llevaba algo de tiempo con la misma cifra. Cuando le estaba dando vueltas al tema, me encontré con un *tweet* que decía: "Todo fluye bonito en mi vida y me doy permiso de recibirlo". Cuando lo leí me dije: "Claro que sí, no necesito estar en conflicto por esto, no necesito pelearme con los números, todo llega a mi vida", después de decirme eso sentí que ya estaba lista para crecer en seguidores. El verbalizar esas palabras, "estoy lista para crecer en seguidores", me ayudó muchísimo. Literalmente, yo no hice nada diferente: no publiqué nada, no pagué campañas, no hice nada extra, nada... pero a las pocas horas de haber dicho que estaba lista, te lo prometo, subí entre mil y dos mil seguidores. Te vas a sorprender de lo que puedes lograr con el sentimiento de merecimiento, pues es una llave que abre grandes puertas.

AFIRMACIONES

Como su nombre lo indica, una afirmación, valga la redundancia, consiste en afirmar algo. Se utilizan para enfocar nuestra atención en algo que queremos manifestar. Lo importante es que tienen que hacernos sentir bien. Además, es necesario que usemos palabras que sí utilizamos en nuestro vocabulario del día a día, pues no tiene caso que elija palabras rebuscadas o grandilocuentes, si no logro conectar verdaderamente con ellas. Es muy importante que las afirmaciones siempre se hagan en positivo, en presente y agradeciendo. ¿Por qué en presente? Porque es la forma correcta de usar el verdadero poder de las palabras: cuando agradecemos de manera anticipada por algo que aún no está en nuestra vida, lo estamos manifestando. Si regresara al ejemplo de la camioneta, diría: "Gracias, Universo, por esta camioneta que tengo en mi vida". Sí, ya sé que puede parecer confuso agradecer por algo que aún no llega, pero como te dije, ése es el punto: al usar el tiempo presente, estamos atrayendo a nuestra actual existencia aquello que queremos manifestar.

Es más exacto usar el presente que el futuro, pues si yo hago mis afirmaciones en futuro, estoy dando la orden de que aquello que estoy pidiendo, lo quiero para después, para más adelante, pero ese más adelante no está definido ni determinado. Sucede lo mismo con el pasado; sin embargo, sí podemos agradecer por lo que ya se nos concedió, pues como el pasado es el origen de nuestra vida actual, al agradecer por lo que ya hemos manifestado, estamos reafirmando nuestro presente. Puedo decir: "Gracias, Universo, porque ya tuve esto en mi vida", "Gracias, Dios, porque disfruté mucho esto".

Recuerda que usar el sentido positivo en una afirmación es porque la mente no conoce de bromas. Cuando enfocamos nuestra energía y determinación en negar algo, en realidad lo estamos afirmando, pues nuestra atención se está centrando en ello. No es lo mismo decir "No quiero enfermarme" a "Gracias porque tengo una excelente salud"; "No quiero tener miedo" a "Gracias porque estoy lleno de confianza positiva". Así que ya lo sabes, hay que usarlas en positivo y con adjetivos positivos, pues eso las hace más específicas. No te preocupes si en un principio parece algo complejo, vas a ir viendo que con el tiempo te acostumbrarás a usar las afirmaciones de una buena manera. Para que te sirva de guía, voy a compartir contigo la siguiente tablita que te ayudará a hacer afirmaciones energeticosas, para que tengas la seguridad de que lo estás haciendo de la manera correcta.

HACIENDO AFIRMACIONES SIN TANTO ROLLO

Agradecimiento	+	**Verbo en presente**	+	**Lo que quieres manifestar en positivo y adjetivado positivamente**
Gracias...		... porque poseo...		... buena salud.
Agradezco...		... porque tengo...		... esta bonita oficina.

Es sencillo, ¿verdad? Usa esta guía para hacer todas las afirmaciones que desees y, no lo olvides, anótalas en tu bitácora y escribe cómo te fue cuando las usaste, cómo te sentiste, qué cambios viste a tu alrededor.

EL PODER DE LA CERCANÍA E IMITACIÓN

No hay mejor manera de obtener lo que deseas que empapándote y rodeándote de personas que ya tienen exactamente eso que tú quieres para tu vida, pues te van a impulsar y motivar. Cuando digo imitación, no me refiero a un simple *copycat* ni a algo negativo (como dejar de ser tú por querer ser alguien más), sino a usar de ejemplo la vida de esas personas, o sea, ver sus hábitos positivos, su forma de enfrentar ciertas situaciones y su actitud hacia la vida misma. Así que ya lo sabes, busca personas o cosas que te ayuden a estar envuelto en eso que deseas ver manifestado.

SUEÑÓGRAFO O TABLERO DE LOS SUEÑOS

Una herramienta superimportante cuando estamos en el proceso de manifestar algo es el uso de un sueñógrafo, que no es otra cosa que un mapa mental grandote de nuestros sueños, un mural en nuestro cuarto, casa o computadora, en el que hacemos un *collage* con las imágenes de aquello que queremos ver manifestado en nuestra vida, de lo que queremos lograr, preferentemente, en un año.

Por lo regular yo pongo aquello en lo que voy a trabajar, aquello que quiero manifestar, en los próximos 12 o 18 meses cuando máximo. Si yo sé que es algo que va a pasar dentro de seis años, mejor elijo no ponerlo; de entrada sé que es algo que voy a lograr, yo sé que en algún momento va a llegar, pero no estoy dispuesta a trabajar por eso porque hay otros pasos antes.

Ya veremos más a fondo qué rollo con la claridad, pero es superimportante que la tengas al momento de escoger las imágenes que integrarán tu sueñógrafo. Si vas a poner una camioneta, pon ésa que tú quieres, el modelo, el color, las características con que la visualizaste en tu vida. Si vas a incluir temas de dinero, sé muy específico y pon las cifras o dígitos de lo que quieres. Además, debes asegurarte de que todo lo que incluyas en tu sueñógrafo sean cosas que ya estás 100% seguro de que las quieres, cosas que ya investigaste cuáles son sus implicaciones, alcances y limitantes, o sea, si quieres ir a ver auroras boreales, debes saber que hará mucho frío, que será un vuelo de muchas horas porque los países en donde puedes verlas no están cerca, que vas a invertir ciertos días para poder observarlas y que necesitarás un *outfit* especial por el clima. Debes tener muy claro todas esas cosas, de lo contrario, no se manifestarán con rapidez en tu vida y, cuando lo hagan, posiblemente no te vas a emocionar porque en realidad no es lo que esperabas. Te ahorrarías esa clase de decepciones si primero investigas y dejas claro qué es lo que implica tener o conseguir tal o cual cosa.

En verdad te invito a que hagas tu sueñógrafo, es una experiencia superlinda y reconfortante. En lo personal, me gustaría platicarte los resultados que yo he tenido a lo largo de ocho años haciendo sueñógrafos, pues hago uno cada año, sin mencionar que desde muy niña ya hacía algunos, ya que mi papá daba cursos de este tema y nos ponía a toda la familia a que hiciéramos nuestro tablón de los sueños. Al principio sólo obtenía ciertas cosas, cierto porcentaje de todo lo que había plasmado, pero conforme fueron pasando los años, cada vez más y más cosas se manifestaban en mi vida. Tanto me gustó, que desde hace tres años doy un curso para ayudar a las personas a aprender sobre eso.

Mi más reciente experiencia fue el año pasado, 2022, cuando hice un sueñógrafo bastante grande: incluí 99 imágenes. De esas 99, 49 eran puras frases motivadoras, así que realmente puse 50 peticiones, 50 metas, 50 sueños que yo me puse en ese año. De esas 50 cosas, dos no pasaron, cuatro sucedieron a la mitad y 44 se concretaron. Cuando digo que cuatro quedaron a medias, es porque no se concluyeron en 2022, pero sí comenzaron y avanzaron demasiado, al grado que actualmente, en 2023, siguen progresando e incluso un par ya se concluyeron. Las 44 metas que se manifestaron pasaron exactamente como las pedí y, en muchos casos, mejor de lo esperado. Tal cual me llegaron las marcas que pedí para ciertas cosas, financieramente obtuve la cantidad de ingresos que había fijado y se hicieron los viajes que me había propuesto.

Cada año voy mejorando mi técnica para hacerlos, voy mejorando mis maneras de hacer todo esto, y lo mismo deberás hacer tú, tendrás que observar qué sí te funcionó, qué no, qué resultados obtuviste, qué puedes mejorar. Usa tu bitácora y escribe cómo te fue con tu sueñógrafo. Si te gustaría aprender más sobre ello, busca en mis redes sociales, de seguro tengo un curso disponible para ti en este momento.

VISUALIZACIONES Y MEDITACIONES

Hoy en día existe mucha información acerca de lo que es visualizar. Se han escrito muchos libros, se han dado muchas conferencias, a veces refiriéndose a esta facultad con otros nombres, pero que en esencia es lo mismo. Sin tanto rollo, te puedo decir que la visualización consiste en centrar nuestra atención en la imagen mental de un objeto, cosa, lugar, persona, acontecimiento, evento, condición e, incluso, en algo abstracto como el amor, la belleza, la paz. Sencillamente consiste en cerrar los ojos y ver en nuestra mente la representación de lo que visualizamos, de lo que queremos manifestar en nuestra vida; hay que ver esa representación con la mayor claridad y precisión posible, tenemos que sentir que ya lo tenemos en nuestra vida y que lo estamos contemplando.

Es muy importante que sepas que visualizar no se limita a ver, sino que mentalmente tenemos que oír los sonidos, tocar las formas, oler los aromas y probar los sabores, como si en verdad, físicamente, los estuviéramos escuchando, tocando, oliendo y probando. Visualizar es una creación mental que implica toda la información que podemos obtener a través de los sentidos físicos, pero también de los sentidos sutiles, pues al visualizar, también tengo que sentir y pensar como lo haría si ya tuviera tal o cual cosa. Por ejemplo, en el caso de la camioneta que ya te platiqué antes, no sólo era ver esa camioneta, yo visualizaba a qué olía, representaba en mi mente el aroma de la piel nueva, de una vehículo recién fabricado. También visualizaba que la tocaba y percibía las sensaciones que eso me provocaba. Sentí cómo sería tocar el volante y los pedales. Visualicé los sentimientos, emociones y pensamientos que experimentaría cuando por fin la tuviera en mi vida. No es algo que se limite sólo a ver, sino que tienes que poner a trabajar todos tus sentidos. Recuerda que la mente no sabe de bromas, así que cuando estamos haciendo una visualización, nuestra mente da por hecho que eso existe. Así es como ponemos en funcionamiento esta facultad que todos tenemos a nuestra disposición.

Ahora, ten en cuenta que para visualizar debemos estar en paz con nosotros mismos, tenemos que estar tranquilos, es por ello que antes de visualizar algo, lo más conveniente es que medites, pues la meditación nos va a relajar y nos pondrá en un estado de receptividad y de tranquilidad. La meditación nos conecta con el presente. No necesitas nada sofisticado, simplemente respira y concéntrate en tu respiración. Al enfocarnos en nuestra respiración, centramos nuestra atención en el presente y en nuestros sentidos.

Las visualizaciones y meditaciones no tienen que ser algo gigante como de horas, sino que nada más necesitaremos invertir unos cuantos minutos. Puedes realizarlas al levantarte, desde tu cama, mientras te bañas, sólo tienes que verte realizando eso que quieres lograr, o comprando o consiguiendo eso que anhelas; también puedes repetir este proceso por la noches, antes de irte a dormir. Como ves, es un proceso sencillo, no requieres de la intervención de un chamán ni de comprar cosas sofisticadas como cuencos tibetanos o artículos excéntricos. Es más fácil de lo que crees.

TAPPING

Su nombre oficial es EFT (por sus siglas en inglés: *Emotional Freedom Technique*) o técnica de liberación emocional, pero es más conocida como *tapping*, palabra que en inglés significa golpeteo. El tapping consiste en hacer unos golpes leves, una ligera presión en ciertos puntos del cuerpo, conocidos como puntos de acupresión. Esta técnica comenzó en Estados Unidos con el doctor Roger Callahan, quien comenzaba a estudiar los principios de la acupuntura china. Posteriormente uno de sus estudiantes, Gary Craig, continuó sus estudios y los mezcló con principios de psicología, creando así la técnica de liberación emocional.

El tapping se basa en la idea de que todas las problemáticas que nos aquejan tienen un origen físico y uno psíquico, o sea, mental. Nuestro sistema nervioso es el encargado de llevar los neurotransmisores a todo el cuerpo, de manera que lo físico y lo mental no están separados como muchas veces se piensa. Cuando hacemos presión en ciertos puntos de nuestro cuerpo, estamos ayudando a que ciertas emociones fluyan y se liberen. Éstos son los puntos de acupresión que tenemos en todo el cuerpo, es por eso que cuando estamos estresados y vamos a que nos den un masaje nos sentimos mucho mejor, pues se presionaron esos puntos. El tapping funciona igual: se hace cierta presión con los dedos en puntos específicos del cuerpo, de manera que al trabajar la parte física, también trabajamos la parte emocional. Por lo general sólo usamos dos dedos: el índice y el corazón, pero dependiendo de la práctica, podemos usar más dedos e incluso las muñecas. Además, la presión que hacemos con el tapping se combina con ciertas frases o palabras que nos decimos a nosotros mismos para ayudar al proceso de liberación. Por ejemplo, si tienes problemas para aprender inglés u otro idioma, puedes hacer el siguiente ejercicio de tapping:

> *Comenzamos a tappear en la parte externa de la palma de nuestras manos, es decir, en la parte lateral que desemboca en el dedo pequeño, en el meñique; mientras lo hacemos, diremos lo siguiente:*
>
> > *"Acepto que tengo mucho miedo de aprender inglés, y me siento muy cansada porque creo que nada se me pega, y aunque he tomado muchas clases y muchos cursos no veo resultados".*
>
> *Vamos a las cejas:*
>
> > *"Estoy muy enojada conmigo porque siento que esto no se me está dando".*
>
> *Vamos al lado de los ojos:*
>
> > *"Veo muchas oportunidades que se van de mí porque no sé este idioma".*
>
> *Vamos abajo de los ojos:*
>
> > *"Me siento muy avergonzada de que lo estoy intentando mucho y nomás no se me da".*
>
> *Vamos abajo de la nariz:*
>
> > *"Me cuesta mucho prestar atención".*

Vamos abajo de la boca:

"Y me da mucho miedo intentar hablar y hacer esta pronunciación".

Vamos a la clavícula:

"En este momento ya estoy muy frustrada y estoy enojada".

Vamos debajo del pecho, a la altura de las costillas:

"Y cuando lo vuelvo a intentar ya lo hago de mala manera".

Vamos a las axilas:

"Realmente me interesa aprender, pero ya no sé por dónde empezar".

Vamos a la coronilla de la cabeza: Das las gracias y dices tu nombre.

Inhalamos profundamente y vamos de nuevo a nuestros ojos:

"Hoy me doy permiso de aprender con mucho amor".

Vamos al lado de los ojos:

"Está bien equivocarme, estoy aprendiendo algo nuevo y está bien, me puedo equivocar".

Vamos abajo de los ojos:

"Me quiero y me caigo muy bien, muchas gracias".

Vamos abajo de la nariz:

"No está siendo fácil aprender este nuevo idioma, pero me trato muy bonito en el proceso".

Vamos abajo de la boca:

"Este nuevo idioma y yo nos llevamos muy bien".

Vamos a la clavícula:

"Mi vida cambia porque sé inglés y estoy bien con que mi vida cambie".

Vamos debajo del pecho, a la altura de las costillas:

"Disfruto este nuevo camino y todas estas nuevas oportunidades que llegan a mí".

Vamos a las axilas:

"Se me hace fácil dedicarme tiempo para poder estudiar y desarrollar esta nueva habilidad".

Vamos a las muñecas:

"Agradezco las nuevas experiencias que llegan a mí, y muchas gracias, cuerpo, y muchas gracias...".

Dices tu nombre:

"... por darme permiso de aprender inglés".

Inhala profundo, exhala, siente tu cuerpo; puedes repetir este ejercicio cuantas veces necesites, incluso si lo quieres hacer antes de tus clases de inglés, sería lo ideal.

Te habrás dado cuenta de que en el ejercicio anterior primero verbalizamos lo negativo y después lo positivo. Esto es así porque para liberarme de una emoción, debo reconocerla. Al verbalizar, la reconozco y la suelto. Luego, ese vacío que nos dejó esa emoción es llenado con una nueva, pero esta vez positiva, por eso el tapping se repite, para llenarnos de ese alivio y de esa confianza que necesitamos.

Yo he utilizado el tapping desde los seis años y me sirve mucho para soltar ciertos bloqueos acerca de mi merecimiento o traumas acerca de por qué no puedo obtener tal cosa o algunos pensamientos relacionados con ello; principalmente me ayuda a conectar con esas nuevas cosas que quiero en mi vida. Es una práctica muy recomendable que te va a ayudar en tus procesos de cambio de hábitos, para enfrentar emociones que te cuesta trabajo asimilar. Te aconsejo que te acerques a mis redes sociales, pues ahí podrás encontrar muchos ejercicios de tapping que podrás utilizar para diversos temas. En verdad te lo recomiendo, es una gran herramienta de apoyo.

ORGASMOS

La energía sexual es otra vía que podemos utilizar durante un proceso de manifestación. Sin embargo, dada la naturaleza de este tema, antes me gustaría explicar unos puntos importantes. Primero quiero enfatizar que la energía sexual es una de las energías más preciadas e íntimas que tenemos como individuos, por lo que debemos cuidarla y apreciarla. Esta sección del libro no es, de ninguna forma, una invitación a que usemos dicha energía de manera descontrolada; no, nada de eso. Como punto número dos, quiero recordarte que toda energía puede ser de naturaleza negativa (baja vibración) o positiva (alta vibración), todo depende de cómo la enfoquemos. Es por ello que, si queremos utilizar nuestra energía sexual desde una alta vibración, lo mejor será que lo hagamos desde la frecuencia del amor. Un acto sexual sin amor, sólo producto de la pasión e instinto, estará vibrando bajo, sobre todo si dicho acto se realiza bajo las influencias de ciertas sustancias y en un ambiente poco propicio.

Lo más recomendable es que este acto sexual se realice con tu esposo, esposa, pareja afectiva o alguien con quien estés dispuesto a compartir tu energía y emociones, es decir, que no sea un encuentro casual, ya que es muy importante que exista una reciprocidad, de ahí la importancia de que sea con alguien con quien estés construyendo esta afinidad. Y ojo, no estoy diciendo que un acto sexual casual sea algo malo, sino que simplemente no tendrá la frecuencia que necesitamos para que impacte en un acto de manifestación. Cuando conectamos nuestras relaciones sexuales con el amor, tomando en cuenta nuestro cuerpo físico, nuestras emociones y pensamientos, la energía que se genere será más potente y, lo más importante, será un acto en el que estemos más conscientes de nuestro ser en su totalidad.

Llegar al orgasmo en un acto de amor, gozo y felicidad, nos dará un impulso energético muy significativo, pues la energía de nuestro cuerpo estará fluyendo en plenitud, activando nuestros centros psíquicos o chakras, conectando todos los aspectos de nuestro ser. Es justo en ese momento de explosión energética cuando debemos de traer a nuestra mente ese deseo que tanto queremos ver manifestado. Visualizarlo bajo el influjo de esta energía sexual bien canalizada lo llenará de una vibración tan mágica y alta, que nos ayudará fuertemente a manifestarlo. Además, cuando las dos personas involucras en el acto sexual se concentran en el mismo objetivo a manifestar, el flujo energético será más potente todavía, pues las dos energías de cada una fluirán como una sola.

Si esta forma de manifestar te causa conflicto o no resuena contigo, no te preocupes, déjala pasar pues, al fin y al cabo, todas estas recomendaciones deben hacer sentido en tu ser y en tu conciencia para que sean efectivas.

MÚSICA

Como ya te expliqué en otra de las secciones de este libro, es muy importante vibrar en energías altas y positivas, pues la energía que proyectemos a nuestro exterior hará eco con el Universo y regresará a nuestra vida multiplicada. Sin embargo, debido a las mismas dificultades del día a día, es complicado mantenernos en estas energías favorables requeridas para manifestar lo que queremos. Es por ello que necesitaremos de alguna clase de apoyo externo para esos momentos en que nos sintamos desanimados o sin poder conectar con dichas altas vibraciones. Es normal. No hay nada de malo en sentirnos incapaces de hacer algo o mantener una actitud negativa respecto a alguna situación desfavorable en nuestra vida. No obstante, no debemos caer en la trampa de la autocomplacencia, en la que nos autosaboteamos y autojustificamos para no pasar a la acción. Hay que darnos el permiso de sentir esa negatividad, pero hay que soltarla para darle espacio a una energía positiva.

Uno de estos apoyos es la música, que tiene la magia de cambiar nuestra vibración, puesto que en sí misma, la música es una serie de frecuencias que eleva o baja la frecuencia de nuestra energía personal. La música es un "encantamiento" muy poderoso. Si revisamos el origen de la palabra *encantamiento* descubrimos que proviene del verbo *encantar*, cuyo origen del latín es *incantare*, es decir, "en canto", o sea que se relaciona con el canto, con la música. Es por ello que a lo largo de la historia se ha asociado a la música con este tema del encantamiento. No tiene nada que ver con brujería, simplemente es una forma de generar cambios en nuestra energía personal. En diversas manifestaciones culturales podemos darnos cuenta de ello, como es el caso del cuento "El flautista de Hamelin" o el típico faquir que encanta a una cobra con su flauta.

Aterrizándolo a los fines que buscamos, debemos notar cómo en la mayoría de las prácticas actuales de manifestación, meditación y visualización, la música es un elemento imprescindible para tener éxito. Es por ello que debemos de buscar una pieza inspiradora y de energía constructiva que nos conecte con vibraciones elevadas. Esto es superimportante, ya que si ponemos una pista o una canción que nos haga sentirnos tristes o desamparados, lejos de que la música nos ayude nos va a perjudicar. Lo que menos queremos es actuar como la típica persona despechada que se la pasa escuchando canciones de rompe y rasga, que lo único que hacen es conectarla con esa energía de despecho, por mencionar un ejemplo. Debes de buscar esa canción o *soundtrack* que mueva todas las fibras de tu ser y lo haga vibrar fuertemente.

Ya sabemos que para manifestar algo, debemos de pensar en ello como si ya lo tuviéramos. A esta práctica de manifestación vamos a agregarle un ingrediente más: la música. Cuando estés realizando tu visualización, pon esa música que tanto te gusta, esa que despierta las mejores sensaciones y emociones en ti. Cuando combinamos o incluimos la música inspiradora en nuestras prácticas espirituales, mejores resultados tenemos. Te invito a que lo pongas a prueba y anotes en tu bitácora los resultados obtenidos.

CREANDO UNA NUEVA VIDA

Es muy importante que durante el proceso de manifestación busques la manera de estar resonando fuertemente con aquello que deseas ver en tu vida. Debes de cuidar la nueva realidad que estás construyendo. Esa nueva vida es como una plantita que hay que cuidar constantemente, hay que regarla, le tiene que dar el aire y el sol. Bueno, pues lo mismo pasa con tu nueva semilla de manifestación, hay que alimentarla con energía positiva y cuidarla de todo lo externo que la pueda afectar, principalmente el miedo, pues muchas veces el miedo al cambio, al qué dirán de mí, la incertidumbre de que si lo estás haciendo bien o no, todas esas dudas son frenos y nos perjudican en nuestro proceso. Como te había dicho antes, de nada servirá que una vez a la semana o diariamente hagamos nuestras visualizaciones o prácticas para decir "esto es lo que quiero en mi vida", si el resto del día o la semana nos la pasamos actuando o concentrándonos en lo contrario a lo que deseamos. Antes que nada, debemos ser congruentes para poder manifestar nuestra nueva realidad. Es casi como ponernos a dieta pero mentalmente, debemos cuidar lo que pensamos.

Ahora que ya sabes esto, puedes ponerlo en práctica para obtener mejores resultados. Entonces, la manera más fácil de manifestar un carro es que el contenido que escuches sea de personas que tienen carros en su vida. Que normalmente las personas con las que convivas sean personas que se quieren comprar un carro o que ya tienen un carro en su vida. Y esto no para que te enseñen cómo tenerlo, sino para que te des cuenta de que ésa es tu realidad y que es algo sencillo y que puede llegar a ti. En caso de que no tengas manera de convivir con personas que tienen o que se relacionen con eso que tú quieres, siempre podemos acudir a libros, al internet, a *story times*, a podcasts, series y películas en donde ese tipo de cosas existe. Y esto no es nada más con un carro, sino que lo puedes aplicar a otros temas: para tu pareja, para embarazarte, para la casa que quieres, para cambiar de empleo, para bajar de peso, etcétera. Entre más integres tus metas con tu vida cotidiana, mejores resultados tendrás.

5
ENCONTRAR LA CLARIDAD

"Tener claridad" es en realidad el proceso de encontrar eso que quieres para comenzar a pedirlo. No es que un día te despiertes y ya sepas qué es lo que quieres en concreto, y exactamente cómo se sentiría tenerlo y por qué y para qué lo quieres y todo eso (recuerda las preguntas que propuse en la parte de la bitácora), sino que encontrar la claridad es un proceso que toma tiempo, que muchas veces es complicado. En ocasiones experimentamos la frustración, la soledad, nos sentimos perdidos y hasta mal con nosotros mismos, principalmente porque allá afuera no nos enseñaron que así es como se siente este proceso de encontrar la claridad.

Entonces, si tú quieres estar en una vida en la que manifiestes todo lo que deseas, es importante hacerte a la idea de que siempre estarás en una búsqueda constante de más y más claridad; esto pasará todo el tiempo, pues esta claridad de la que hablamos no es tan "sencilla", no es la misma que necesitas, por ejemplo, cuando vas a elegir tu profesión o a qué universidad te vas a inscribir, sino que hablo de algo más profundo que se repetirá siempre que realmente estés reinventándote, en lugar de ir hacia donde te lleve la corriente.

Y como siempre vamos a estar en una búsqueda constante hacia más y más claridad, yo te recomiendo que tengas mucha paciencia contigo mismo, que seas muy empático y amoroso en todo este proceso, pues casi nunca, o jamás, nos enseñaron a explorarnos a nosotros mismos para entendernos mejor, para llegar a un autoconocimiento, y es que otras generaciones anteriores ya tenían sus sueños prefabricados y como que no se cuestionaban mucho sobre qué era lo que en verdad querían y hacia dónde iban.

Entonces, conforme vayamos siguiendo la vida de nuestros sueños y empecemos a manifestar, nos volveremos constantes exploradores en busca de nuestra claridad; no en la búsqueda de la claridad de tus papás, o de tu pareja o de tu jefe, sino de la tuya. Ten en cuenta que esta búsqueda va a implicar que transformemos o desechemos viejas creencias y patrones de pensamiento, por lo que este proceso de cuestionamiento no será fácil. No es algo que se solucione en una sola tarde, a veces toma semanas, meses e incluso años. Pero no te preocupes, todo lo que vamos a ver en este capítulo es para que encuentres tu claridad. Recuerda que es normal tener miedo a un cambio, pues siempre que nos proponemos una nueva aventura, al comienzo no vamos a saber nada, vamos a estar en blanco y no vamos a saber por dónde darle, pero es normal estar así cada vez que te planteas una nueva meta.

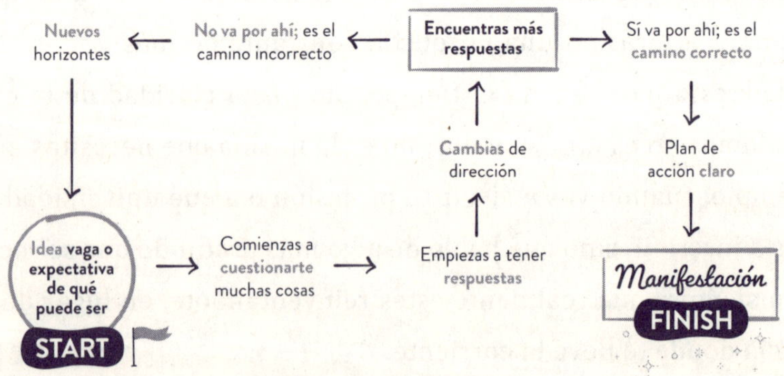

El error número uno de las personas cuando comienzan a manifestar es que empiezan a pedir y ya quieren tener resultados, pero éstos no llegarán porque en realidad no tienen una claridad real de lo que quieren. Es lo mismo que pasa con los propósitos o deseos de Año Nuevo, por ejemplo, como cuando decimos que queremos más dinero; es común escuchar una petición como la siguiente: "Quiero más dinero para mi familia y para mí". Sin embargo, en realidad no estamos diciendo cuánto, para qué es, de dónde proviene: si es por una herencia, si es porque nos fue mejor en el trabajo —nos ascendieron, nos incrementaron el sueldo, hubo algún bono, cambiamos de empresa—, si es porque abrimos un negocio, si es porque te hiciste de amistades que de alguna manera te lo regalaron, etcétera, o sea, tenemos que saber por qué llega ese dinero, qué hacemos con él, cómo se siente tenerlo.

Otra que cosa que me toca ver muy seguido en los procesos de manifestación es que con frecuencia las personas piden mansiones o casas muy grandes con albercas, pero nunca se han cuestionado si en realidad quieren una casa así de grande, no saben en qué colonias de su ciudad se localizan casas de ese tipo y no han convivido con una persona que tenga una casa de esas dimensiones y con alberca, lo cual, como ya vimos con el tema de la cercanía, es importante saber para determinar si es algo que nos interesa o no. Muchas veces, cuando les pregunto por qué quieren una alberca en su casa, veo que es más por lo que representa que porque la quieran en sí, pues según las opiniones de algunas personas la alberca es como un sinónimo de estatus, de que te fue bien en la vida; no obstante, muchas veces a esas personas no les gusta nadar, no les gusta estar en traje de baño, no les agrada la idea de tener que estar limpiando la alberca constantemente y estar comprando los productos que se necesitan para su mantenimiento, o quizá no habían contemplado que tendrán que contratar a alguien para que la limpie, lo cual implicaría que tendrían que dejar que alguien entre a su casa a diario o cada cierto tiempo para que haga la limpieza de la alberca, tal vez tendrían que agregar cosas e instalaciones a la alberca, como techarla o taparla para protegerla de la tierra y las hojas, o tal vez agregar un sistema de iluminación y calefacción, o no se habían puesto a pensar que la alberca sería peligrosa para sus hijos pequeños, pues podrían caerse en ella y ahogarse. En fin, piden algo sin siquiera saber si es eso lo que deseaban; qué tal que en lugar de la alberca hubieran preferido tener una cancha de basquetbol o de algún otro deporte, o hacer una sala de videojuegos o de juegos de mesa, o tal vez poner su propio huerto o una granja con animalitos... El punto es que no debemos pedir por cumplir la expectativa de alguien más, sino que debe ser algo que realmente se sienta genuino y en concordancia con tu persona, y pues obvio esto mismo pasa con otros aspectos o cosas que deseas manifestar, con los carros, viajes, trabajos, parejas, pasatiempos, etcétera.

Entonces, la pregunta del millón: ¿cómo conseguir claridad en eso que queremos? La claridad se consigue con un trabajo de introspección, haciéndonos preguntas para saber si sí quiero algo realmente. Hay que entender que estas preguntas no siempre van a ser respondidas en el momento en que las hagamos. Lo que pasa es que podemos hacernos una pregunta y después, muchas de las veces, el Universo o Dios nos manda experiencias de vida en las que viene incluida la respuesta. Otras veces es necesario que nosotros busquemos vivencias para saber si va por ahí.

¿A qué me refiero? Antes de pasar a las preguntas, me gustaría enfatizar que este proceso es algo que toma tiempo, que es diferente para cada persona, para algunos es un *mix* entre preguntas, experiencias, conocer personas, ver películas, escuchar canciones, irse de viaje, ir a terapia, leer muchos libros, o sea, existen muchas maneras de descubrir qué es lo que en verdad quieres, pero lo más real es acercarte a alguien que esté viviendo esas experiencias que tú crees que quieres, para que de esa manera compruebes si es lo que deseas. Para que esto quede más claro, te voy a platicar ciertas experiencias por las que pasé que me ayudaron a encontrar claridad.

Antes yo quería una tienda en Shopify, o sea, una tienda en línea con productos físicos y quería tener mi emprendimiento; yo decía que quería eso y lo anhelaba. Veía a personas que lo tenían y entraba a sus pláticas. La verdad es que me encantaba la idea, pero algo no me hacía clic al cien por ciento y de nuevo me sentía muy desesperada porque quería saber si eso era lo que quería, pues estaba ansiosa por sacar mi emprendimiento.

Entonces, lo mejor que pude hacer fue que me metí a trabajar un tiempo a una tienda en línea con productos físicos, con el acuerdo previo con los dueños y encargados de que ellos me iban a capacitar en todas sus áreas: para saber cómo se empaquetaba, cómo era el tema de las guías de embarque, cómo se enviaban los productos, cómo se contestaban los mensajes, en fin, literalmente fue en todas las áreas. Al estar dentro de todo este proceso, me di cuenta de que había muchas cosas que no me interesaban.

Visualicé cómo sería tener esa vida en el presente y mi futuro, y la verdad es que no me emocionaba. Y no porque no fuera algo padrísimo o algo increíble, sino simplemente porque no me entusiasmaba. O sea, veía los problemas a los que se enfrentaban y no me emocionaba; veía los éxitos que comenzaban a tener y no me emocionaba, entonces me di cuenta de que no era algo que quisiera para mi vida. Es por ello que antes de decidir tajantemente qué es lo que quieres, debes considerar el abanico de posibilidades que vienen con tu deseo y, una vez que analices las implicaciones de ello, entonces ya decides si en verdad quieres pasar por eso. Escúchate y pon atención a las emociones y sentimientos que experimentas en el proceso de investigación, ya que si no es algo que te llene totalmente, lo mejor será reconsiderar ese deseo.

Deja te sigo contando. Luego me pasó que uno de mis deseos era dar cursos en línea, así que lo que hice fue acercarme a personas que ya los impartían, pues necesitaba ver cómo era su realidad. Y no me refiero exclusivamente al tema del dinero —que obvio era importante conocerlo para saber si era un negocio rentable y poder hacer proyecciones de qué podría hacer con ese dinero—, sino también porque quería saber cómo era el proceso. Supe cómo es que las personas preparaban sus clases, cómo acomodaban su espacio de trabajo, cómo organizaban su escritorio, incluso supe cómo se preparaban sus bebidas favoritas con las que acompañaban ese proceso. Todo eso hizo mucho clic conmigo y me emocionó; recuerdo que me dije a mí misma: "A ver, éstos son los problemas a los que te vas a enfrentar al dar cursos", y los enlisté uno por uno y, cuando terminé esa lista, me emocioné mucho. "Éstos son los éxitos que vas a tener al dar cursos", y me entusiasmé. "Éste es el estrés que tendrás al dar cursos o enseñar", y me encantó muchísimo. Esas emociones fueron superimportantes para que yo me diera cuenta de que realmente sí era lo que quería.

Algo muy similar me pasó al escribir este libro. Estaba en el proceso de decir: "Okey, quiero comenzar a buscar en mí si en realidad quiero hacer un libro". ¿Y qué crees? A los pocos días me buscaron para que sacara mi primer audiolibro. Y sí, hice mi primer audiolibro y el proceso me encantó. Me dije: "Okey, me gustó mucho y si esto me emocionó demasiado y me llenó tanto, el lanzamiento, el escribirlo, el presentarlo, ya me imagino lo que será la experiencia de escribir un libro en sí". Ahí fue cuando me di cuenta de que me gustó mucho, entonces tuve la claridad de saber que sí iba por ahí. El Universo me mandó esa experiencia de hacer un audiolibro para que tuviera una comparativa, una idea, de lo que sería hacer un libro. Y pues sí me aventé a continuar, y la prueba la tienes justo en tus manos, mientras lees este libro, que es una manifestación de lo que antes sólo era una idea.

Y es que el tema de buscar claridad no se reduce sólo a un aspecto, a una sola cifra, a un solo sonido, sino que más bien es tener todo el contexto general de lo que implica vivir eso que quieres manifestar, pues, por ejemplo, hoy te puedo decir que en este momento quiero sacar una tienda en línea con productos empaquetados en bolsas rosas, pero después eso cambiará a bolsas moradas o a cajas azules o a otra cosa. Lo importante no es el empaquetado, sino saber lo que implica tener una tienda en línea. Y en el tema de los cursos que quería dar, fue lo mismo. Quizá primero yo veía a las personas que impartían sus clases desde su celular, pero después utilizaron una computadora, y posiblemente después cambiarán a otra cosa, pero ése no es el punto, sino ver su forma de vida al dar esos cursos, su manera de actuar, las dificultades a las que se enfrentan, así como los éxitos que consiguen. Todo eso te ayudará a saber si tu deseo sí va por ahí o no, para que te des cuenta si es realmente lo que quieres y, para saber eso, no te enfoques sólo en los datos brutos y en las características frías relacionadas con ello, también considera tus emociones y pensamientos que se derivan al ver cómo viven otras personas haciendo eso que tú quieres hacer, debes enfocarte más en las razones, en lo que te está motivando.

Te voy a compartir otra *story time* relacionado con la búsqueda de la claridad. Yo quería trabajar con marcas, todo el tiempo que llevaba trabajando en internet haciendo mis videos no me quitaba de la cabeza esa idea. Hasta lo incluí en mi sueñógrafo con la completa claridad de cuáles eran las marcas con las quería relacionarme. Con el tiempo, llegaron a mi vida las personas adecuadas que me iban a orientar sobre cómo era trabajar con marcas y qué es lo que tenía que hacer para llegar a ellas. Ese equipo de especialistas me explicó con detalle cuánto dinero se ganaba al usarlas, qué es lo que iba a perder de mi esencia y qué era lo que posiblemente iba a ganar. Al terminar la reunión me di cuenta de que no era esa versión de Karla en la que yo me quería convertir.

Y no porque estuviera mal o fuera incorrecto, sino que me llegó la claridad de que estaba muy feliz dando mis cursos, mis sesiones y haciendo mis videos, mi trabajo en el que conservaría mi propia voz. Poco a poco la idea de trabajar para las marcas se fue diluyendo, pues no era algo que resonara completamente conmigo. Entonces, muy contenta, me dije que no iba por ahí, solté esa idea y me enfoqué en algo más.

Como ves, según yo creía que ya sabía que trabajar con las marcas era lo que quería, pero conforme me fui adentrando en ese mundo supe que no era por ahí. Por más que me dijera que quería trabajar con marcas, las cosas no se daban, o sea, las cosas no fluían, pero ahí estaba yo de superterca y superobsesionada con que eso pasara, pues según yo, eso era sinónimo de éxito; pero no se daba. Hasta que tuve claridad de ver que las cosas no iban por ahí, lo solté y le di vuelta a la página para enfocar mi atención y mi energía en otro proyecto con el que sí resonara armoniosamente.

En la actualidad me encantaría sacar una serie con Netflix, pero ahorita estoy en el proceso de descubrir si en verdad quiero hacer eso, si me late en realidad, sigo pensando de qué tema sería, cómo es que yo podría ayudar a los demás con esta serie, en fin, constantemente me hago preguntas. Desde el momento en el que dije: "¡Quiero hacer esto!", comencé a conocer gente del corporativo y a investigar más acerca de qué implica hacer una producción con Netflix.

Estos coqueteos entre una cosa y otra te ayudan a saber si va por ahí lo que quieres o no. No sé si lo de Netflix vaya a pasar en un año, en cinco o en 10, o si tal vez no suceda, pero parte importante de mi proceso es disfrutar el descubrir si lo quiero o no, y si al final elijo que no lo quiero, va a estar bien. Si decido no hacerlo, eso no me va a convertir en una fracasada ni van a dejar de pasarme cosas geniales, ni eso significa que no hay cosas increíbles disponibles para mí. Simplemente significará que me di cuenta de que no era por ahí lo que yo quería.

Ejercicio de tapping para encontrar la claridad

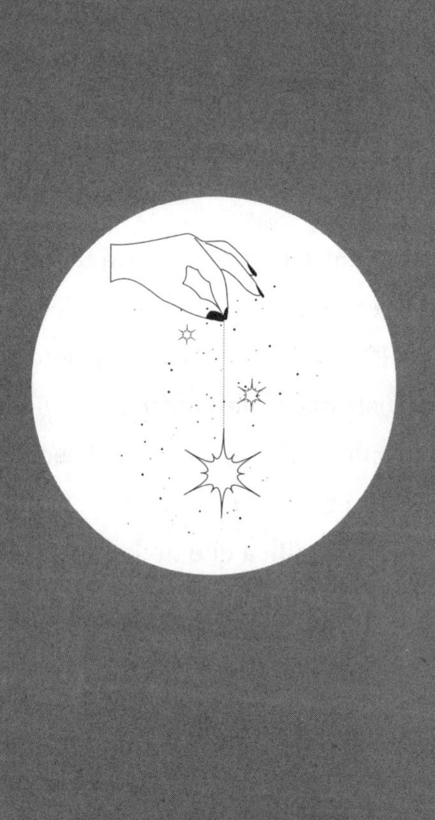

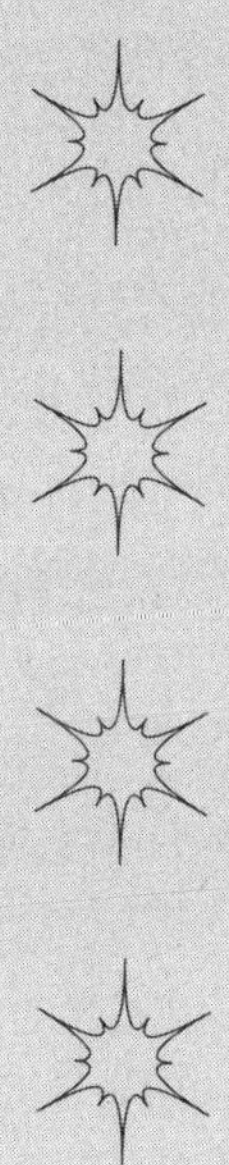

6
HACER TU PETICIÓN

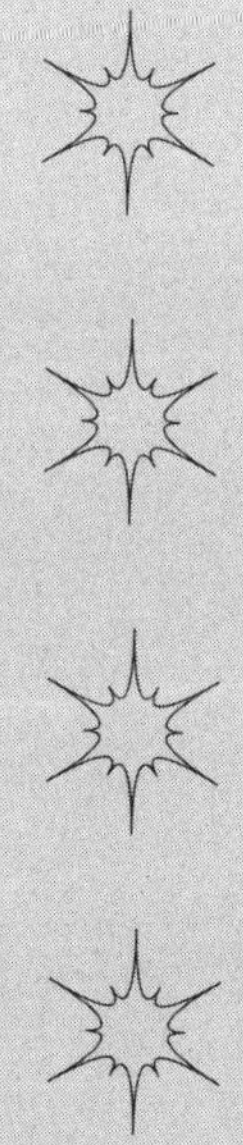

Antes que nada, debes recordar lo que ya te platiqué antes: todo el tiempo estamos pidiendo algo al Universo, pues cada pensamiento que tenemos, cada comentario que decimos, cada broma que hacemos, en realidad es una petición, tal vez no nos damos cuenta de esto de manera consciente pero así es. Por eso es muy importante tener cuidado con qué cosas nos estamos conectando y hacia dónde vamos, y para ello, déjame platicarte sobre la Ley de la Atracción.

LA LEY DE LA ATRACCIÓN

Esta ley también es conocida como el Principio del Mentalismo y se define por el siguiente enunciado: "Todo es mente, el Universo es una creación mental, producto de la Mente Divina". Y cuando dice Mente Divina, se refiere a Dios, el Todo, el Universo, la Energía, como la quieras llamar. Recuerda que si no sientes comodidad con ciertos términos, no debes de aceptarlos sólo porque sí, siempre es bueno que nos cuestionemos y, sobre todo, que adaptemos lo que estamos aprendiendo con aquello que más resuena con nosotros y nuestro sistema de creencias.

Ahora bien, ese enunciado del Principio de Mentalismo es como lo definieron en el movimiento del Nuevo Pensamiento, pero yo te lo voy a explicar de una manera más sencilla, sin mencionar que muchos de los puntos importantes ya los hemos visto en otros capítulos de alguna u otra forma. Cuando se dice que todo es mente, se refiere a que todo lo que existe, todo lo que se manifiesta en nuestra vida, se originó en un pensamiento. Ese pensamiento es emitido con una frecuencia, una vibración determinada, de manera que cuando sale de nuestra mente hacia el exterior, se va a juntar con otros pensamientos que resuenen en esa misma frecuencia, y finalmente regresa a nosotros, a nuestra vida, pero multiplicado, engrandecido por la energía con la que se reunió. Y si seguimos vibrando en esa misma frecuencia, entonces volverá a hacer eco en nosotros, lo volvemos a pensar o reafirmar, y de nuevo sale hacia el exterior, recorre el mar de energía que es la existencia misma y regresa a nosotros multiplicado. El ciclo se vuelve a repetir sucesivamente hasta que dejemos de darle fuerza con nuestra mente.

Cuando se trata de situaciones positivas, es muy bueno que esa energía siga creciendo y moviéndose, pues cada vez que regrese a nosotros, nos traerá más y más bendiciones. Sin embargo, si nuestros pensamientos son negativos, de frecuencia baja, cierta situación puede persistir y empeorar. Si todo el tiempo nos estamos quejando de que no tenemos dinero, no lo vamos a tener. Si me estoy enfocando en que estoy enfermo, seguiré enfermo. Si maldigo a la vida porque es injusta, así nos va a tratar la vida, con injusticia. Es por eso que es superimportante que pongamos atención a lo que estamos diciendo o pensando y cómo lo estamos haciendo.

Conocer esta ley nos da una gran responsabilidad, pero al mismo tiempo un gran alivio, pues en el momento que sabemos esto, nos hacemos conscientes de que realmente podemos transformar nuestra vida. Tal vez al principio nos cueste trabajo, ya que para cambiar de una frecuencia a otra tenemos que cuidar y observar qué pensamos, qué decimos, qué hacemos, qué sentimos, cómo reaccionamos a determinada circunstancia. A veces implica dejar de usar ciertas palabras o frases como "no tengo dinero", "no hay para esto", "no me lo merezco", "hacer eso es difícil", "nunca lo podré hacer", etcétera. Para muchos puede resultar cansado en un principio tener que estar en esta observación de nosotros mismos, pero ya verás que con el tiempo te irás acostumbrando y te percatarás de que vibrar positivo es más fácil de lo que crees; en verdad no cuesta nada y los beneficios que obtenemos son casi milagrosos, por así decirlo. Todo se resume a que dejemos de ser víctimas de las circunstancias que nosotros mismos hemos manifestado con nuestras vibraciones del pasado, para que comencemos a tener dominio de nuestra vida, en el sentido de que podamos manifestar todo lo que queremos. Pero haz este proceso de cambio con mucha paciencia y amor.

LA MENTE SUBCONSCIENTE

Ya hablamos de que todo el tiempo estamos manifestando, ya sea de manera consciente o inconsciente. ¿Pero cómo funciona esto? Bueno, la respuesta está en la mente subconsciente. Todo el día, cientos o miles de pensamientos pasan por la pantalla de nuestra mente; pensamos muchas cosas, aunque la mayoría de ellas no están conectadas entre sí, ya que se corresponden con diferentes ámbitos de nuestra vida. Sin embargo, de vez en cuando hay algún pensamiento que nos llama más la atención, nos detenemos y le damos más vida, es decir, pensamos más en eso a lo largo del día, y aunque después pensemos en más cosas, ese pensamiento regresa y se queda en nuestra mente, con tanta insistencia que se forma una imagen mental que, tarde que temprano, va a arraigarse en nuestro subconsciente.

Cuanta más fuerza le demos a esa idea o pensamiento, más fuerte será la imagen que se generará y más se enraizará en nuestro subconsciente. ¿Eso qué significa? Significa que estás programando tu mente con esas imágenes. La función del subconsciente es guardar esas imágenes y después proyectarlas hacia afuera para que se cumplan. El detalle es que el subconsciente trabaja en automático, por lo que no va a cuestionar la información que se le esté dando. No discierne entre si algo es cierto o no, si es en serio o es una broma. El subconsciente sólo obedece. Y está diseñado así porque aligera la carga de la mente consciente, de manera que el subconsciente sí puede recordarlo todo. Así que si veo un vestido en un aparador y digo: "No lo puedo comprar", aunque haya sido un comentario al aire, esa instrucción ya se grabó en el subconsciente.

De la misma manera, cuando somos niños, nuestra programación mental comienza con las creencias e instrucciones que nos dan las personas a nuestro alrededor. Por ejemplo, cuando nos dicen que no pisemos el suelo descalzos porque nos vamos a enfermar, o que nos alejemos de corrientes de aire porque nos va a dar gripa, como somos pequeños, no cuestionamos lo que nos dicen los adultos y esa programación pasa a la mente subconsciente. ¿Sabes qué va a pasar la próxima vez que pises el suelo descalzo o que te pongas en una corriente de aire? Sí, te vas a enfermar, pues está en tu programación subconsciente.

Pero así como tenemos programaciones negativas, también tenemos positivas. Así que no desestimes tu proceso de búsqueda de claridad, ya que te permitirá identificar las programaciones mentales que no son tan benéficas y, cambiando las imágenes mentales asociadas a ellas, podremos cambiar nuestro mundo para así tener una vida más plena y feliz.

¿ESTOY CONECTADO AL AMOR?

Cuando estamos conectados con el amor, lo que hagamos será para nuestro beneficio y para el de los demás. Y eso significa que lo que consumimos tanto dentro —como lo son nuestros pensamientos y emociones— como fuera —como las redes sociales, libros, películas y todo el contenido externo— de nosotros, debe tener una naturaleza amorosa, nutritiva y constructiva. Conectarnos con el amor no es sinónimo de que las cosas serán sumamente sencillas y rápidas, pero sí nos ayudará bastante a que resonemos, vibremos, más alto, lo que hará que con mayor facilidad nos demos permiso de vivir todo tipo de posibilidades, porque estaremos vibrando en una sintonía bonita y, por lo tanto, aquello a lo que aspiramos será algo bonito, y el proceso de manifestar será tranquilo y sin tantas dificultades.

Por el contrario, si estamos conectados con el miedo, el resentimiento y el odio, y queremos manifestar algo bonito, por más meditaciones o prácticas que hagamos, si no cambiamos las cosas, las energías con las que estamos conectados, pues obviamente no se nos va a dar aquello que queremos, debido a que estaremos contrarrestando nuestros propios esfuerzos. Piénsalo así: podemos vibrar bonito por unos minutos, hacer cinco planas de afirmaciones, pero si todo el día estamos pidiendo, consciente o inconscientemente, cosas espantosas para los demás y para nosotros mismos, habrá más cúmulo de energía negativa que de positiva y, al final, no lograremos resonar con lo bonito que estamos pidiendo. Es como si yo quisiera bajar de peso, pero todo el día me la paso comiendo carbohidratos y azúcares, pues es obvio que eso no va a funcionar. Tenemos que ser congruentes, claros, con nuestras peticiones.

¿DESDE DÓNDE VOY A PEDIR?

Recuerda que es muy importante que estés en la sintonía, en la frecuencia adecuada, para hacer tus peticiones. Si estás muy apresurado y preocupado por algo, y de pronto sólo quieres manifestar para tener una vida diferente, tienes que recordar que si pides desde la carencia, vas a tener resultados llenos de carencia. O si te dedicas al comercio, vas a tener ventas pero los clientes que te lleguen van a resonar hacia lo que tú estabas pidiendo, por lo que si estabas pidiendo desde la desesperación, pues obviamente los resultados que obtengas no se van a sentir pacíficos ni amorosos ni llenos de gratitud, sino que se van a sentir desesperantes. Y lo mismo sucederá con cualquier otra emoción negativa. No se trata de reprimirlas, sino de identificarlas y sanarlas, de convertirlas en emociones que posean una vibración más alta.

Es por ello que debemos ser bien honestos con nosotros mismos y preguntarnos desde dónde estamos pidiendo nuestras manifestaciones. Durante el proceso, tenemos que darnos el permiso de apapacharnos, de ser amorosos y comprensivos con nosotros mismos, para así poder explorar realmente qué es lo que estoy pidiendo y desde dónde. Si en el camino te diste cuenta de que lo estás haciendo desde la desesperación, date el permiso de hacer una pausa para reflexionar y así encontrar nuevos lugares y nuevas energías para hacerlo, como pueden ser el amor, la abundancia, la seguridad, la confianza, el gozo, la alegría, la risa, entre muchas otras más.

Sé que muchas veces es muy difícil lidiar con la negatividad, pero hay que hacer el esfuerzo por conectarnos con fuentes de positividad, pues ya vimos que las bajas vibraciones pueden afectar nuestros resultados. Siempre habrá dos formas generales de considerar nuestras experiencias, desde la frecuencia alta o desde la baja. Por ejemplo, si quieres cambiarte de trabajo porque el actual no te satisface, no es lo mismo que le platiques a un amigo desde la desesperación, frustración, coraje o carencia, a que lo hagas desde el entusiasmo que podría causarte ese nuevo trabajo, desde la abundancia porque te van a pagar más, o simplemente desde la comprensión amorosa de que estás en todo tu derecho de elegir nuevos y mejores caminos.

¿CÓMO Y QUÉ SE PIDE?

Para que este punto quede más claro, lo voy a sintetizar en cuatro puntos:

1) *Pide con claridad.* Recuerda tener claro qué quieres y especificar lo más posible, ya que de lo contrario, si pides cosas imprecisas, poco definidas o muy abstractas, es posible que no se dé eso que tú quieres.

2) *Pide en presente*. Así como te platiqué que las afirmaciones deben de hacerse de preferencia en presente, al pedir algo, que muchas veces lo hacemos por medio de afirmaciones, también debemos de usar el tiempo presente, ya que nos ayudará a asimilar las ideas de una mejor manera, a aceptarlo, a saber si realmente es lo que queremos. Además, recuerda que debemos agradecer por eso que queremos como si ya lo tuviéramos; usar el presente nos ayuda con este fin, facilita que lo veamos como algo que ya es nuestro. Con el presente, las emociones se sienten más vivas, al contrario de si usáramos el pasado o el futuro. Entonces, recuerda siempre agradecer y hacerlo en tiempo presente.
3) *Pide con dirección*. Esta parte es para que definas a quién le vas a pedir eso que quieres manifestar. Puede ser a Dios, al Universo, a los Ángeles, a tu Energía. Y esto no significa que estés haciendo un pacto o algo así, para nada. Es para que tengas en perspectiva que existe algo superior a ti, algo que lo abarca todo y que sabe qué es lo mejor para ti, pues puede ver todos los ángulos implicados. Sin embargo, si esto te causa incomodidad, puedes omitirlo, no pasa nada.
4) *Pide detalladamente*. Recuerda que entre más específicos seamos con lo que vamos a pedir, es mejor. No se trata de decir cómo queremos que pasen las cosas, sino la intención y razón para que pasen. Hay que ser específicos: ¿qué quiero que llegue a mi vida?, ¿por qué llegó?, ¿para qué llegó? Por ejemplo, si dices: "Quiero que lleguen 1 000 pesos a mi vida", y no dices más, la intención puede irse por otro camino. Tal vez te llega ese dinero, pero resulta que se te descompone el carro, y justo la reparación cuesta 1 000 pesos. Tienes que

tener claro para qué vas a usar eso que estás pidiendo: para ahorrar, para algo relacionado con tu salud, para irte de viaje, para cambiar algo de tu casa, etcétera.

En el apartado de las afirmaciones vimos que siempre debemos agradecer por aquello que queremos manifestar, como si ya lo hubieras recibido:

Gracias Dios/Universo por este logro.

A esa fórmula le podemos agregar más información para que así nuestra petición sea más específica. Te voy a compartir unos ejemplos de qué es lo que podrías decir. No es que tengan que ser exactamente así, pues al final tú tienes la libertad de hacer tus peticiones como lo desees, pero te van a ayudar a que te des una idea.

Petición para el trabajo

¡Gracias, Universo, por mi nuevo trabajo que está lleno de amor, en donde mi principal actividad es vender un producto que me gusta, donde genero equis cantidad de pesos al mes, donde me siento muy contenta y en donde puedo ahorrar para mis tres prioridades más importantes para este año!

Petición para una camioneta

¡Gracias, Universo, porque hoy recibo mi camioneta de tal marca, de tal año. Gracias porque la obtengo con las ganancias de mi negocio y me siento muy feliz de poder gozarla y disfrutarla!

Petición para una pareja

¡Gracias, Universo, porque encuentro a una pareja con la que me siento feliz, que me hace reír, con quien me llevo muy bien; y gracias porque tenemos un plan de vida en conjunto y estamos en buena salud para vivir unidos!

MANERAS DE HACER UNA PETICIÓN

Manera número 1: Mantenerte conectado a tu petición

No me voy a cansar de recordarte que todo el tiempo estamos haciendo peticiones, pues siempre estamos pensando, siempre estamos hablando, siempre estamos sintiendo algo. De manera que la mejor forma de ayudar a tu manifestación es que te rodees de todas esas cosas que van a resonar con lo que quieres obtener. Si lo tienes claro y en mente, ya estás pidiendo. Al estar leyendo este libro, en este momento, ya estás pidiendo, pues te estás conectando con ideas y vibraciones que abonarán a tu proceso de manifestación.

Manera número 2: Hablar

Verbalizar una palabra es un doble pensamiento. Estemos conscientes o no, pues el proceso es muy rápido, cuando decimos algo, antes lo debimos de haber pensado. En ocasiones parece que existe un paralelismo entre lo que pensamos y decimos, pues como te dije, es un proceso que ocurre a gran velocidad. Sin embargo, la palabra posee ese poder de externar pensamientos, de manera que cada vez que hablamos con alguien, cuando les hablamos a nuestras mascotas o nuestras plantas, cuando nos hablamos a nosotros mismos —te recomiendo mucho que lo hagas frente a un espejo—, cuando hablamos con nuestra terapeuta y hasta cuando conversamos con un amigo cercano, ya estamos pidiendo. Así que entre mejor sea la calidad de nuestras palabras, más ayudaremos al proceso de manifestación.

Rápidamente, me gustaría contarte una anécdota que le pasó a una chava que tomó uno de mis cursos. En el curso, yo les había hecho énfasis en la importancia de cuidar nuestras palabras, de manera que era preferible evitar las conversaciones impositivas y todo tipo de chismes. Con la clase, ella se hizo consciente de que todos los días en su trabajo, a la hora de comer, las personas con las que compartía el comedor de empleados siempre se la pasaban hablando mal del gerente de la empresa: que los trataba mal, que era un grosero, que había dicho tal o cual cosa, que ya estaba saliendo con Fulanita, en fin, ese señor siempre era el chisme central de la plática. Al darse cuenta de eso, lo que ella decidió hacer, para dejar de hablar mal y estar criticando, fue guardar silencio. Ya no opinaba negativamente ni decía nada malo sobre el gerente. A los pocos días, casi todos sus compañeros de trabajo comenzaron a cambiarse de mesa, hasta que llegó un día en que la dejaron sola. Ella se extrañó de este suceso, y resulta que se alejaron de ella porque pensaban que era una espía del gerente.

Puede darnos risa, pero si lo analizamos a fondo, justamente este tipo de cosas suceden cuando cambiamos nuestra frecuencia con la que nos comunicamos: comenzamos a alejarnos de personas negativas y tóxicas y, por el contrario, logramos atraer a nuestro círculo a más personas positivas, que resuenan con nuestras ideas y metas.

Manera número 3: Escribir

Hay personas que son más hábiles o se sienten más cómodas al escribir que al hablar, de modo que también puedes utilizar esta herramienta para hacerlo. Debes plasmar todo lo que deseas ver manifestado en tu vida. Ya sea que lo escribas en tu bitácora de manifestación, en tu diario, en alguna libreta especial, en un post-it, en alguna nota virtual, en Evernote, en fin, en el soporte que quieras, no importa cuál elijas, siempre y cuando vayas con frecuencia a escribir y a leer lo que has escrito.

Yo en lo personal soy doña Libretas y tengo un montón de cuadernos y libretas en los que voy escribiendo mis experiencias, el diseño de mis cursos y muchas cosas más. Mi recomendación es que lo hagas en un soporte físico, pues escribir a mano te ayudará a hacer ciertas conexiones cognitivas que serán muy benéficas para tu forma de expresarte.

Una práctica que te recomiendo bastante es la de la carta al Universo. Tal como su nombre lo indica, se trata de que escribas una carta dirigida al Universo, en la que le vas a platicar cómo te sientes o qué es lo que quieres manifestar en tu vida, muy parecido a lo que muchos hacíamos de niños cuando les escribíamos al Niño Dios, a los Reyes Magos o a Santa Claus. Esa carta la puedes pegar en tu refri, en tu escritorio o doblarla y llevarla contigo en tu bolsa y cartera y, cada vez que sientas que estás perdiendo el rumbo, saca esa carta y léela. Te darás cuenta del poder que tienen las palabras en nuestra vida.

Manera número 4: Actuar congruentemente

Para mí, ésta es la forma más poderosa y efectiva para pedir algo, pues se trata de que seamos congruentes con nuestros deseos. Si tú ya dijiste que quieres tal o cual cosa, debes comenzar a tomar acciones para que te des cuenta de que vas en la dirección correcta. Si no tomamos acción, más tardado será el proceso de manifestación.

Por ejemplo, si dices: "Gracias, Universo, porque quiero manifestar y escribir mi libro de la mejor manera", pero si no te pones a escribir, si no te dedicas a investigar lo que necesitas para ese libro, si no tomas un curso de escritura o de ortografía, pues nunca va a llegar tu libro, y no porque el Universo sea ingrato, sino porque probablemente sea algo que en realidad no quieres, o porque hay emociones o creencias que te impiden hacerlo: el miedo a hacer el ridículo, al qué dirán, a hacer cambios. Salir de la zona de confort es muy difícil, incluso hay personas que se tardan años en tomar acción para efectuar cambios en su vida, pero no es necesario que tengamos la fuerza para hacer cambios radicales, con pequeños detalles que vayamos haciendo en nuestro día a día será más que suficiente para empezar a gestar ese cambio. Me gustaría cerrar esta manera de manifestar con una frase de Martin Luther King: "Da tu primer paso con fe. No es necesario que veas toda la escalera completa. Basta con que subas el primer peldaño".

¿QUÉ NO TE RECOMIENDO PEDIR?

Lo que para nada te recomiendo que pidas es todo aquello que tiene que ver con situaciones que no puedes controlar y, obviamente, todo lo que afecte el libre albedrío de otras personas. A qué me refiero: nada de juegos de azar, nada de temas sobre enamoramiento forzado, nada que tenga que ver con las decisiones de otros. Por ejemplo: "Quiero que Chuchito me quiera solamente a mí", "Quiero que mi suegra se acuerde de mí", "Quiero que mi jefe despida a tal persona para que me den su puesto", "Quiero que mi abuelita me deje la herencia a mí porque yo necesito ese dinero, y yo lo merezco y yo lo recibo". Las peticiones tienen que formularse en armonía con todo y con todos, sin dañar a nadie ni a nada.

¿QUÉ SÍ TE RECOMIENDO PEDIR?

Lo que sí te superrecomiendo que pidas son tus sueños, deseos y anhelos, siempre y cuando no te lastimen a ti o a alguien más. Y recuerda, antes de pedir algo, es mejor que hagas tu proceso de claridad para que estés realmente seguro de que eso es lo que quieres para tu vida. Ya que estés muy seguro, adelante, hazlo.

Para que quede mejor explicado, quiero compartir contigo una tablita comparativa en la que podrás ver los ejemplos de lo que sí te recomiendo pedir y de lo que no.

Peticiones para manifestar	
Qué no pedir	Qué sí pedir
Quiero que mi abuelita me deje toda la herencia a mí.	Acepto la perfecta abundancia del Universo, que viene a mí gracias a mi esfuerzo y trabajo. ¡Gracias, Universo, porque así es!
Quiero que mi *crush* me quiera perdidamente.	Agradezco porque encuentro a una pareja bonita que está acorde conmigo: tenemos un amor mutuo basado en la comprensión, empatía y respeto.
Quiero ganarme la lotería.	Agradezco a Dios porque a mi negocio le va muy bien en todos sus aspectos. Gracias a los ingresos que me genera puedo cubrir mis necesidades y porque todo lo que deseo comprar está disponible para mí.

Quiero más *likes* en mis publicaciones de Instagram.	Doy gracias porque estoy lista para recibir a más seguidores buena onda en mi Instagram. Gracias, Universo, porque a través de esta red social puedo ayudar a las personas y ellas me ayudan a mí.

PEDIR Y SOLTAR

Es común que cuando alguien comienza un proceso de manifestación piense que entre más cosas haga, mayores y más rápidos resultados obtendrá. Sin embargo, no es del todo así. En vez de que todo el día estés haciendo afirmaciones o planas de lo que deseas pedir, es mejor que estés en sintonía con energías positivas, preferentemente con la confianza, el amor y la tranquilidad. Las repeticiones excesivas pueden ser un miedo disfrazado, sin mencionar que tenemos que entender que todo llega en el momento indicado, ni antes ni después, pues los tiempos de Dios o del Universo son perfectos.

Es por ello que cuando hacemos alguna práctica o ejercicio para manifestar, es importante que sueltes la petición al Universo. Una vez que la formulaste, debes soltarla en el mar de energía con la plena confianza de que su naturaleza vibratoria va a resonar con todas esas personas y situaciones necesarias para que se cumpla lo que acabas de pedir.

Además, debes tener la flexibilidad y el amor contigo mismo y con los demás para comprender que muchas veces las cosas que pedimos no son para nosotros, pues Dios o el Universo sí pueden saber qué es lo que más nos conviene. Por ejemplo, recuerdo que una amiga me platicaba un tanto frustrada que quería trabajar en una determinada empresa y que se esforzaba mucho por ingresar, pero por más intentos que hiciera, por más proactiva que fuera, nunca la contrataban. En el proceso le llegó una propuesta de otra empresa que era mucho mejor y tomó la oportunidad. Al poco tiempo de comenzar en su nuevo empleo se enteró de que la empresa a la que tanto quería entrar había cerrado por malos manejos financieros. Así que, si algo no se da en tu vida, debes de analizar el caso para tener claridad al respecto. Si ya te diste cuenta de que no va por ahí, suelta esa meta y mejor concentra tus energías en la meta o metas que ya estás muy seguro de querer manifestar en tu vida.

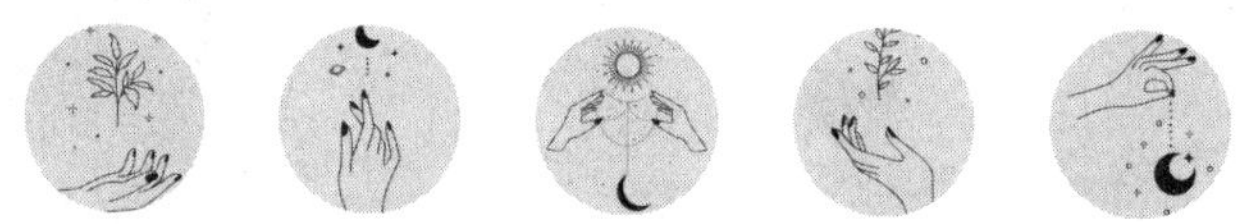

7
MIEDO A RECIBIR

MIEDOS MÁS COMUNES AL MANIFESTAR

Quizás al leer el título de este capítulo pensaste: "¡Qué! ¿De verdad leí bien?". Y sí, sí leíste bien. Incluso al manifestar y al recibir bendiciones en nuestra vida tenemos miedo. Pero mejor platiquemos de ello. En primer lugar debes saber que es normal sentir miedo a recibir algo nuevo en tu vida, y que ese miedo puede camuflarse como flojera, negatividad, enfermedad, confusión, enojo, desánimo, etcétera. Muchas veces sentimos que lo que pedimos ya está muy cerca de manifestarse, ya está a la vuelta de la esquina; un pequeño esfuerzo, una mínima acción y ya lo tendremos hecho una realidad. El problema es que nos empieza a invadir el miedo e intentamos autosabotearnos, ya sea porque no nos sentimos listos, capaces, merecedores o lo que sea. No te preocupes si esto te pasa, es normal. Lo más importante de todo esto es que no te culpes ni te autoflageles, mejor identifica cómo es que ese miedo se está camuflando y toma acción.

Desde pequeña me gustó mucho "trabajar". Mi mamá a veces ya no sabía qué hacer conmigo, porque le pedía que me llevara a comprar cosas y así yo revenderlas en mi escuela, y varias veces la mandaron llamar diciéndole que eso estaba prohibido. A lo que mi mamá les explicaba que era una más de mis locuras. Recuerdo un día que mi mamá había importado productos de limpieza *hippies* de Estados Unidos para venderlos en México. Y llegó un día más en el que no pude quedarme quieta, así que tomé unos cuantos y fui a casa de mi abuelo, quien vivía a pocas casas de la nuestra. Llegué y le expliqué que era una increíble idea comprarlos —imagina a una versión mía de 12 años—, mi abuelo sin pensarlo me los compró, pero poco después le llamó a mi mamá y la regañó: le dijo que era muy pequeña para trabajar, a lo que mi mamá le comentó que yo misma los había tomado y nadie me había pedido que vendiera alguno. Así es que sí, desde muy chiquita no he podido estar quieta, siempre me ha gustado trabajar y ponerme nuevos retos y metas. Cuando cumplí 16 años entré a una empresa de venta directa o tipo multinivel.

Fue todo un lío al principio, pues yo era menor de edad y se suponía que legalmente no podía trabajar hasta que cumpliera los 18, por lo que mi mamá me ayudó de nuevo y abrí una cuenta de banco a su nombre. Después me afilié a dicha empresa y así fue como inicié mi vida en el emprendimiento, por así decirlo.

El caso es que aunque ahora me dedico a crear contenido en línea y parece que no me da pena estar frente a los ojos de muchas personas, no siempre fue así. Cuando estaba en la escuela era de las que preferían hacer un trabajo gigante antes que pasar al frente y exponer.

Cada vez que intentaba hablar frente a muchas personas mi mente se quedaba en blanco en cuanto salía de mi boca la primera palabra. Es un miedo que me ha costado mucho liberar y en el que he trabajado mucho, desde hace varios años. Pero gracias a que he sido amable conmigo y mi proceso y me he dado permiso de intentar una y otra vez, aparte de que también me aguanto el miedo y me lanzo, cada vez he podido hablar frente a más y más personas.

Regresando a mi historia del multinivel, un martes mientras platicaba con una amiga mucho mayor que yo me dijo: "Karlita, habrá un evento muy importante en la Ciudad de México, tenemos que ir"; ella me explicó que era buena idea para mi desarrollo. Lo primero que pensé fue que yo era menor de edad y que jamás había viajado sola. Y aparte tenía escuela, ¿cómo iba a faltar a la escuela? Recuerdo que en ese momento tenía unas ganas enormes de ir a este evento, pero no tenía claridad de cómo iba a lograrlo, ya que solo tenía 16 años. Yo sabía que aunque mis papás quisieran ayudarme en los gastos de mi viaje, no tenían la posibilidad económica como para decirme: "Tú ve, nosotros pagamos". Así que sabía que, si realmente quería ir, era mi responsabilidad encontrar los medios para que así sucediera.

Me armé de valor y al día siguiente hablé con mis papás y más tarde con la directora de la escuela y, sorprendentemente, todos me dejaron ir. Yo pensaba que sería un gran trámite complicado, pero no lo fue. Así es que al día siguiente de decidir que quería ir a este viaje ya tenía lo más importante, que eran los permisos.

Yo estaba con un gran *mix* de emociones, muchas cosas pasaban por mi mente todo el día. Tantas, que recuerdo que terminé con un gran dolor de cabeza. Estaba muy preocupada porque faltaba poco para el evento y aún me faltaban muchas cosas. No tenía dinero de sobra para este viaje, de hecho no tenía lo suficiente para ir. Tampoco tenía ropa para ese tipo de eventos. Toda mi ropa eran shorts, y ropa de playa, pero no tenía ni una sola prenda o zapatos formales, y al ir a una tienda a revisar ese tipo de ropa comprendí que me costaría mucho poder comprar al menos uno o dos cambios para el evento. Eso me preocupó porque faltaba muy poco para el viaje, y yo no entendía cómo todo se iba a ir acomodando. No te voy a mentir, también una parte de mí estaba tranquila porque tenía claro que de alguna manera se iban a acomodar las cosas. Sólo que no estaba segura de cómo pasaría y eso me tenía nerviosa.

En la semana busqué una cita con la psicóloga de la escuela; yo era de las que asistían a la terapia gratis de la escuela porque no podía pagar a alguien particular y aprovechaba lo que ya tenía disponible. Ese día le conté esta nueva aventura, pero también le dije que estaba preocupada porque no tenía ropa formal. Me sentía mal conmigo misma. Para mí el animarme a ir a este evento significaba que confiaba en mí, y entendía que valía la pena que yo invirtiera en mí. Pero no tener la ropa adecuada en ese momento hacía que me sintiera menos y muy chiquita.

Después de una lloradita con ella estuvimos pensando y me dijo que por qué no le pedía prestada ropa a una de mis compañeras del salón, y me sugirió a una chava en específico, a una que recuerdo que admiraba muchísimo; era de esas chavas a las que de verdad todo les fluía y nada les faltaba. Ella venía de una familia muy abundante y todo para ella era compartir desde el corazón, porque entendía que había suficiente para todos. En ese momento ella y yo éramos como polos opuestos. Mientras que ella se iba de compras a Miami cada que quería, yo veía cómo mis papás batallaban para pagar la colegiatura de ese mes. Y me costaba aceptar la idea de que yo podía compartir y dar a los demás, porque yo no tenía esa sensación de que "había de más". Yo sentía que no había suficiente para mí, y que si compartía con alguien eso que tenía, se me iba a acabar y me arrepentiría después por la falta que me estaría haciendo.

Pensé mucho en pedirle esa ropa prestada, pero me costaba hacerme a la idea de que ella sí accedería. Yo intentando ser ella, desde aquella versión de mí, no lo habría hecho. No sólo me costaba entender por qué alguien me prestaría su ropa —si es algo que yo siento que no haría—, sino que también me sentía avergonzada por tener que pedirlo. Pero no tenía otra alternativa; honestamente no tenía el dinero para comprar ropa nueva.

Después de pensarlo una y otra vez me aguanté toda esa pena y hablé con ella. Le expliqué la situación y ella sin dudarlo ni medio segundo me dijo: "Claro que sí, Karla, vente a mi casa hoy y vemos juntas qué te puedo prestar".

Me quedé muy emocionada por cómo ella también estaba dispuesta y entusiasmada de ayudarme en esta aventura. Pero seguía sin entender por qué me estaba ayudando. No éramos demasiado cercanas como para esto. Fui a su casa y no sólo me prestó algunas cosas, sino que me dio toda la ropa necesaria como para cuatro o cinco días. Recuerdo que cuando estaba ahí en su cuarto no dejaba de sacar más y más ropa, y ese día no paré de probarme más y más cosas, hasta que elegí lo que me quedaba mejor. Salí con una bolsa gigante de ropa. Me costaba entenderlo en ese momento.

Pasaron los días y ahora ya tenía la ropa y los permisos necesarios. Sin embargo, aún me faltaba el dinero para ir y estar tranquila durante esos días. Por suerte, poco tiempo antes del viaje la empresa lanzó una convocatoria: si tú vendías un paquete de productos, entrabas a una rifa. Vi esa oportunidad y dije: "Increíble, podría vender algunos kits y con eso tener el dinero suficiente para mi viaje".

En las siguientes dos semanas estuve de arriba para abajo y llegaron personas interesadas en comprar justo ese producto. En esa semana había vendido cuatro kits y varios productos más. Estaba muy orgullosa de mí. Ahora sí ya tenía el dinero suficiente para ir. Claramente no me había hecho millonaria, pero con eso podía comprar los vuelos, y un poco de lo necesario para el viaje. Cada uno de estos kits tenía adentro un boleto para registrarlo, para que todos los distribuidores pudiéramos participar en la rifa.

Los lunes, sin falta, iba a casa de mi amiga y trabajábamos juntas, aparte de que ella me enseñaba lo que necesitaba saber sobre esta nueva profesión para mí. Ese día en su casa registré los cuatro boletos de los cuatro kits que había vendido. Al registrarlos, de "broma-no broma" le dije: "Imagínate que me los ganara... ay, no, qué miedo".

De sólo pensarlo me daba terror imaginar que yo podría ganar ese premio. Sentía miedo, porque, para comenzar, todo estaba a nombre de mi mamá. Y tendría que explicar por qué era yo la que estaba ahí y no ella. Además de que era menor de edad, por lo que no podía participar en ese evento. Después estaba la parte en que tendría que pasar a un estrado, y eso me aterraba; en verdad que me aterraba bastante. Ambas lo pensamos por un momento, nos reímos y sólo quedó ahí.

Aunado a esto, ese día me explicó que para entrar al evento necesitaba comprar un boleto. ¿Y qué crees? A los pocos días la prima que me había invitado a comenzar en esta industria me contactó para decirme que ella tenía un boleto extra, que me lo podía regalar, y que me deseaba mucho éxito en mi primer evento. De nuevo me sentía aliviada.

Después llegó el momento de ver mi hotel para ese gran viaje. El evento sería en Santa Fe, en la Ciudad de México, y al revisar todos los hoteles me di cuenta de que eran muy caros. Para no hacerte el cuento muy largo, esta misma prima que me regaló mi entrada me dijo: "No te preocupes, quédate conmigo en mi cuarto de hotel, estará al lado del evento, nos dividimos la cuenta". Mágicamente ya tenía también el hotel. Y no sólo cualquier hotel, sino de los más cómodos y cercanos al lugar.

Desde aquel día que registré mis boletos para la famosa rifa no dejé de visualizar cómo yo me los ganaba. Una y otra vez, la misma escena. Llamaban el nombre de mi mamá, yo no lo podía creer, estaba nerviosa y asustada, pero corría y me subía al estrado, y fin, felices por siempre.

Cada vez que pensaba en ello, siempre sentía el mismo miedo por subir al estrado y ganarme el premio. No era una visualización que gozaba, pues tenía tanto miedo, que cada que lo pensaba me sentía culpable por seguirle dando energía a eso que en realidad no deseaba que pasara. En verdad me sentía muy preocupada y angustiada.

Llegó el día del evento y no creerás lo que pasó.

Comenzaron esa famosa rifa en la que tanto pensaba. Mis nervios estaban a tope. Sentía que en ese momento todas las mariposas que existían estaban dentro de mí. Como podrás ya estar imaginando, efectivamente así como tanto lo visualicé, salió en la rifa el nombre de mi mamá. ¡En verdad no lo podía creer! Terminé arriba del estrado intentando explicar que mi mamá no había asistido, pero que yo estaba ahí por ella. Todo tal cual como yo tanto lo había pensado. Me gané un iPad que en ese momento fue una herramienta de trabajo muy valiosa que me ayudó bastante y que recuerdo con mucho cariño, ya que fue muy útil para mi desarrollo.

Estaba muy emocionada porque no podía creer que yo había sido capaz de subirme a un estrado frente a tantas personas. Ésa era mi mayor satisfacción. Se sentía como si el Universo me estuviera dando "probaditas", de las que más adelante te platicaré. Y yo feliz de experimentarlas y recibirlas con amor.

Durante esos días del viaje sentí muchas cosas y me quedó muy claro cuál era el tipo de vida que anhelaba. Era complicado, porque estaba descubriendo mi hambre por crecer y manifestar una realidad abundante, mientras que en esos días desayunaba, comía y cenaba malteadas en polvo que mi prima me había obsequiado, y llenaba una y otra vez mi botella de plástico con agua de la llave del lavabo del hotel, usando esa agua para beber y preparar mis batidos. No tenía dinero suficiente para otra cosa, tenía mucho miedo de gastar de más y quedarme sin nada. Al mismo tiempo me hacía creer que por tomar agua de la llave durante esos pocos días no me pasaría nada. Pero aun así, mi mente visualizaba algo enorme, incluso cuando mi cuerpo y mi realidad actual eran muy diferentes. Más que sentirme mal por esa realidad actual, me sentía muy afortunada por aun así poder ver este nuevo futuro que nunca antes había visualizado. Y desde aquel día me permití esa frustración por mi presente y amor por mí y mi futuro para salir adelante y manifestar todo eso que visualizaba.

Después de tantos aprendizajes, y tanto movimiento de energía, llegó la hora de regresar a casa y despedirme de mi prima con la que había compartido habitación. Estaba muy agradecida con ella por su generosidad en los últimos días. Antes de irme, mientras estaba pidiendo el taxi para irme al aeropuerto, le pedí sus datos bancarios para dividirnos la cuenta de hotel. Ella me miró y me dijo que así estaba bien, que era un regalo de su parte y que no me preocupara por ello. Yo no me lo podía creer, un regalo más del Universo. Con gusto le agradecí y recibí el regalo.

Recuerdo que estaba de camino al aeropuerto y no me lo podía creer. Hasta el alojamiento para el evento había sido un regalo. Sentía tanta gratitud hacia la vida, que tenía unas ganas enormes de llorar. Todo había salido increíble. Al vivir esto, aprendí que cuando tienes la claridad de lo que quieres manifestar, en el momento perfecto llegarán las personas alineadas y dispuestas a ayudarte a cumplirlo. Y que muchas veces las cosas saldrán mejor de lo que habías soñado.

Regresé a casa con la claridad de que elegí ir a ese viaje aun cuando no tenía el dinero, ni la ropa, permisos, ni hospedajes. A pesar de ello, mi energía y atención estaban intencionadas en que todo llegaría a mí y sería capaz de lograrlo y encontrar los caminos para así obtener eso en mi vida. Y así lo fue para mi viaje, llegaron a mí las respuestas y soluciones.

Los primeros días después del viaje fueron un *mix* de situaciones, en especial con las personas más cercanas e importantes de mi vida. Para comenzar, yo era diferente porque había vivido toda una experiencia que me había nutrido bastante y había descubierto cosas en mí que no sabía que deseaba tanto. Ahora tenía claridad sobre lo que quería, había conocido mis ganas enormes por salir adelante. Y había vivido una experiencia con el Universo tan cercana, donde me había quedado claro que si deseaba algo profundamente, eso llegaría a mí. Pero todas las personas de mi alrededor eran exactamente las mismas. Yo era la que había cambiado. Y después de todo lo que había vivido, deseaba acercarme a ellas y hacerlas entender y sentir un poco de lo que yo ahora sentía. Anhelaba que ellas también cambiaran como yo y así poder sentir que estábamos en la misma sintonía. Pero fue imposible. Por más que hablaba, daba detalles de lo que había vivido y enseñaba fotos, videos, frases que me habían tocado, parecía que nada las prendía como a mí. Ahí entendí que todos tienen un proceso de crecimiento diferente. Por un tiempo creí que si los presionaba y les explicaba que para ellos también había cosas increíbles, comenzarían a tomar acciones para cambiar su vida. Pensaba que era mi responsabilidad, que después de todo lo que yo dijera, mágicamente ellos de un momento a otro "despertarían". Fue desgastante, tengo que admitirlo. Porque incluso después de pláticas largas parecía que no lo entendían o no lo podían ver. Y en su momento entendí que lo más amoroso que podía hacer por ellos era enfocarme en mí y dejarme crecer. Eso era más que suficiente.

SOLTAR PARA RECIBIR

¿Recuerdas que te conté de la chica de mi salón que me prestó la ropa para el evento? Ella y yo somos el perfecto ejemplo para este capítulo. A menudo me encuentro con personas que desean profundamente recibir y recibir cosas bonitas en su vida, pero no están dispuestas a ser recíprocas con el Universo. Y como dije hace unas cuantas páginas, yo estaba ahí hace algunos años. Creía que debía con desesperación quedarme con todo lo que estaba a mi alrededor, porque si lo soltaba, me haría falta después. Pero ésta es una actitud llena de miedo y carente de abundancia.

Mi esposo es muy similar a la compañera que me prestó ropa. Él es un hombre que si ve que alguien necesita ayuda, ahí está presente y si está dentro de sus posibilidades, ayuda y da todo de él. Al inicio me costaba entenderlo, sin embargo, después de vivir con alguien abundante y estudiarlo de cerca, descubrí que así como él da y comparte, todo le fluye y le llega.

Recuerdo que un día una conocida de él estaba vendiendo un monitor usado muy barato y él llevaba tiempo buscando uno justo como ése. Al enterarse, mi esposo me preguntó si podíamos comprarlo ya que él lo necesitaba para trabajar desde casa más cómodamente. En ese momento nos acabábamos de mudar a una nueva casa y económicamente estábamos al día. Aun así le dije que estaba bien, y lo compramos. Mi esposo le preguntó a ella que por qué lo estaba vendiendo, y le contó que por la pandemia se regresaría a su país, y por ello lo estaba vendiendo. Nos enteramos de que al día siguiente tenía su vuelo de regreso, por lo que era urgente verla ese día. Mi esposo se ofreció a llevarla a ella y a su esposo al aeropuerto, pero le dijeron que ya tenían sus boletos para el autobús comprados.

Ese mismo día fuimos a la casa de esta chica, él se bajó a comprar el monitor y yo me quedé en la camioneta por si tenía que moverla en los siguientes minutos. Pasaron 10 minutos y él no salía. Mi sorpresa fue que al verlo salir de su casa llegó con las manos llenas de cosas caras. Las metió a la camioneta y entró por más. Volvió a salir y traía en las manos un escritorio eléctrico carísimo. Al verlo me quedé sorprendida y le dije: "¿Qué pasó?". Me contó que como al día siguiente ellos se irían habían intentado vender todo eso, pero no lo habían logrado, y que necesitaban desalojar el departamento o serían multados. Por ello le pidieron a mi esposo si podíamos volver al día siguiente por más cosas, que nos lo agradecerían mucho.

Al día siguiente regresamos y llenamos nuestra camioneta con artículos de casa prácticamente nuevos. *Tuppers* caros, cuchillos caros, copas de vino caras. Decenas de toallas caras de todos los tamaños y muchos más objetos costosos. Yo no podía entender cómo mágicamente a mi esposo le habían regalado tantas cosas, y todo porque él se había ofrecido a ayudarlos comprándoles ese monitor y ofreciéndose desinteresadamente a llevarlos al aeropuerto; no sabía que ellos tenían un gran regalo para nosotros.

Para manifestar y recibir todo eso que deseas es muy importante tener espacio en tu vida para recibirlo. Por ejemplo, yo estaba preocupada por el viaje que te conté porque no sabía cómo lo iba a lograr, pero no estaba peleada con la idea de irme de viaje. Sabía que era merecedora y que podía con amor recibir esa nueva experiencia. Estaba aterrada con la idea de subir a ese estrado, pero no estaba peleada con la idea de ganarme el premio.

Y aquí viene el punto importante: aunque nosotros queramos manifestar bendiciones y nuevas oportunidades para nuestra vida, es normal que podamos llegar a sentir mucho miedo de que cosas increíbles nos pasen. ¡Qué loco!, ¿no?

Y es que sí, en mi experiencia dando cursos y sesiones privadas he visto que a lo que más le tenemos miedo la mayoría no es al fracaso gigante ni a la idea de qué pasaría si todo fracasara en nuestra vida y termináramos viviendo debajo de un puente. Es muy probable que pensamientos como éstos nos lleguen cuando estamos en crisis o cuando queremos comenzar algo nuevo. Pero muchas veces lo que más miedo nos da es que todo eso con lo que soñamos sí nos llegue, y no sólo tal cual como lo pensamos, sino que hasta nos aterra el "¿Qué tal si pasa aún mejor de lo que yo había pensado?". E incluso con esta bendición en nuestra vida no nos lleguemos a sentir merecedores de recibirlo o vivirlo y creer que no seremos suficientes para ese tipo de vida o sueños. Y pasar años y años visualizando esto día y noche y dentro de nosotros, no saber qué haremos con tanto éxito o tantas miradas.

Puede sonar soñador, pero es lo más normal; tranquila, tranquilo. Sí, podemos sentir miedo a no poder mantener ese estilo de vida y cometer un error y perderlo todo, o quizá por suerte tener cosas bonitas, pero no saber cómo seguir así de bien. Tenemos miedo a que si esto llega a nuestra vida después, "¿qué voy a pedir?, ¿en qué me voy a esforzar si ya lo tengo todo?". He visto esto en muchas personas y también lo he vivido yo.

Y aquí va la parte importante. Si Dios, el Universo o en lo que sea que creas quiere lo mejor para ti, ¿por qué o para qué te mandaría algo a lo que le temes tanto? No tiene sentido pasar toda una vida pidiendo manifestar la casa de tus sueños y escribir por ello, y hacer mil rituales, si dentro de ti te aterra la idea de estar en paz en una casa propia; quizá por ser el primero de tu familia que tiene una casa y deja de pelear por conseguir una buena renta y un casero decente. Pero créeme que esto es más común de lo que piensas. De hecho, todo lo que comenzamos a soñar, siempre, primero nos da un poco o mucho miedo. Y conforme escuchamos todos estos miedos, pensamientos y sensaciones, podemos liberarlos, sanarlos y después recibir estas nuevas bendiciones en nuestra vida.

Si al querer manifestar alguna parte de estos pensamientos te hace sentido, o quizá todos, no te preocupes, es normal. Me gusta decir que a veces se siente como que somos muy creativos en todo lo espantoso que puede llegar a pasar. Pero cada que comiences algo nuevo en tu vida, es normal sentirte de esta manera. Emocionado, pero perdido a la vez. Lleno de ilusión y alegría, pero aterrado al mismo tiempo. Con ganas de trabajar fuerte para que eso pase, pero a la vez sin la energía suficiente como para ser consistente y que eso en verdad llegue pronto a tu vida.

¿Cuántas veces no lo has visto? Personas que llevan años soñando lo mismo, pero por alguna razón no sucede. Y cuando está casi por suceder, se aleja la oportunidad. Y así una y otra vez; yo a esto le llamo "probaditas". Al querer un tipo de vida que según tú es la que deseas, pero no estás seguro, o cuando estás pidiendo claridad porque no sabes qué deseas, te aseguro que llegarán "probaditas" de cosas diferentes a tu vida. El Universo te escucha y te manda escenarios similares a lo que estás pidiendo, con el objetivo de que decidas si va por ahí, o si no tiene nada que ver con lo tuyo.

Por ejemplo, quieres manifestar una casa, pero no sabes nada de eso. Desconoces los trámites, precios, cómo la entregan, qué se firma, o qué sucede en el proceso de antes, durante y después. Y aunque digas dentro de ti que deseas profundamente una casa nueva, la realidad es que no sabes muy bien si eso es lo que deseas, ya que no conoces el proceso. Quizás estás enamorado de lo que crees que es el tener una casa, pero nada más. Y entonces te la pasas diciendo: "En este año voy a manifestar mi casa", y mágicamente un viernes vas a cenar con amigos, y uno de ellos anuncia: "Amigos, estoy comprando mi casa, estoy muy emocionado, y quiero compartir esta alegría con ustedes".

Para muchos, al escuchar esto, llega una sensación de inseguridad, celos, frustración o amenaza. Y es normal que podamos llegar a sentir como que "se están acabando las casas, y como él ya tiene una, ahora ya no hay tantas disponibles para mí". ¿Te suena familiar? Todos en nuestra vida hemos pasado por algo así.

Recuerdo que en cierta Navidad vi a tantas y tantas parejas comprometerse y vivir el momento más feliz de su vida, y yo siendo espectadora me sentía mal. Era como si creyera que el amor se estaba acabando, o que los anillos bonitos se iban a terminar. O como si el hecho de que todas esas chavas tuvieran su momento especial hacía que cada vez fuese más difícil para mí obtenerlo. Estaba equivocada, muy equivocada.

Como te decía anteriormente, cuando queremos algo para nosotros, el Universo nos enviará "pruebitas" para que descubramos si eso es lo que en realidad deseamos. Es decir, como por arte de magia un familiar tuyo, alguien de la oficina o un conocido logró manifestar exactamente eso que tanto has estado pidiendo. Por ejemplo, en el caso de que ese amigo haya manifestado su casa, lo mejor para ti es acercarte y hacerle todas las preguntas que puedas, para así tener más información y saber si eso te llena o no. Y al tener esa cercanía, también sabrás qué camino necesitas seguir para lograrlo.

Otra cosa muy importante es tu reacción genuina al ver que otros logran eso que deseas. Si el Universo te manda esa "pruebita" de que tú deseas manifestar casarte y escuchas que tu prima se acaba de comprometer y tu reacción es negativa, el Universo tomará como que esto no es algo conveniente para ti, y no lo mandará.

¿Por qué el Universo te mandaría algo que te hace sentir tan mal tenerlo cerca? "Si se lo mandé como 'pruebita' y se puso muy mal, se pondrá peor si llega a vivirlo en carne propia". Tiene sentido, ¿cierto?

Entonces, recapitulando, ¿qué hacer con estas "pruebitas"?:

1) Sentirte feliz de que a personas cercanas y lejanas les está yendo bien. Recuerda que hay suficiente para todos, y que muy probablemente estés casi por manifestar eso que tanto has soñado. Los envidiosos no manifiestan tan increíblemente.

2) Agradecer la cercanía, y darte permiso de preguntar y escuchar profundamente si eso es lo que quieres o no. Y al mismo tiempo comenzar a visualizarte en esta situación, con toda esta nueva información. Recuerda que siempre puedes cambiar de sueños, ideas, y eso es parte del proceso.

Desde que era pequeña tenía el sueño de ser escritora. Conforme fui creciendo este sueño comenzó a ponerse más y más en forma. Hasta que un día, en mi sueñografo de 2022, después de tanto pensarlo, decidí que estaba lista para comenzar mi primer libro. La verdad no sabía nada, era nueva en todo este mundo. Y si soy honesta, la idea de tener esta bendición en mi vida sí me aterraba.

Pasaron los meses y seguía con este sueño, pero también estaba procesando el miedo que me daba lograrlo y tener éxito en esto. Un día, acabando una sesión privada, mientras me lavaba las manos dije: "Okey, estoy lista para comenzar mi libro, ¿cómo empiezo?".

Tomé una libreta, salí al jardín y abrí mi computadora. Entré como de rutina a revisar mi correo. Y ahí estaba, la invitación de una empresa de audiolibros diciéndome que querían que escribiera con ellos mi primer audiolibro. No lo podía creer. Estaba muy emocionada.

Te voy a ser honesta, escribir un audiolibro es como un ejercicio de prueba, donde fácilmente te puedes dar cuenta de si te gusta el proceso o no. Lo hice con mucho amor y el audiolibro fue todo un éxito.

Después de haber vivido esto, me quedé con la claridad de que sí quería escribir mi primer libro. Y gracias a haber publicado el audiolibro, comencé a convivir con muchas personas que no sólo también tenían un audiolibro con esa empresa, sino que antes ya habían publicado un libro "real" y físico. Ya te imaginarás qué hice. Tanto mi esposo como yo nos acercamos a hacer muchas preguntas, para así tener claridad sobre este mundo nuevo para nosotros. Y tanto nos funcionó, que hoy tú estás leyendo esto.

Ahora te voy a platicar una *story time* para ejemplificar esto.

Tuve una amiga empresaria que, a pesar de gozar de un éxito financiero y material (de esas personas que cuando las ves piensas que todo en su vida debe ser perfecto), tenía problemas para conseguir una relación de pareja: sus noviazgos duraban muy poco y, por más que visualizaba a la persona que quería en su vida, ese hombre nunca llegaba.

Un día platicando con ella, le pregunté que cuáles eran sus creencias acerca de los hombres o sobre tener una pareja. Me dijo que sí quería conseguir una pareja, pero que tenía mucho miedo de que fuera a sufrir una infidelidad; además, ella consideraba que con una pareja iba a vivir muchos problemas o conflictos, causados tanto por la familia de su pareja como por su familia. También pensaba que sería muy difícil ponerse de acuerdo con alguien más para tomar decisiones importantes inherentes a la vida cotidiana. Decía que sería casi imposible encontrar a alguien que la apoyara y acompañara en todas sus locuras.

Al estar platicando, ella se dio cuenta de que tenía mucho miedo de que aquello que tanto pedía se volviera realidad, de manera que, de forma inconsciente, se estaba autosaboteando. Cayó en la cuenta de que para poder recibir a esa pareja que estaba pidiendo y tener la relación que tanto anhelaba, necesitaba soltar esos miedos y trabajar con esas creencias que la autolimitaban.

Al principio, durante los primeros meses, le costó mucho deshacerse de esa programación mental. Aunque sabía que sus creencias no la ayudaban a manifestar a esa persona que tanto deseaba, se resistía a dejarlas ir. Pasó por muchos conflictos internos, pues su mente le decía que no eran creencias, sino la realidad, que tenía que ser objetiva y no bajar las barreras emocionales que había construido, pues eran una protección necesaria para no salir lastimada. No obstante, poco a poco, fue aceptando la idea de que debía de cambiar esas creencias si es que en verdad deseaba estar en esa relación tan anhelada.

Pero como estaba en un periodo de transición, en el que no tenía el valor de soltar por completo esas creencias limitantes, pero tampoco estaba convencida de las nuevas, durante los años siguientes siguió teniendo relaciones fallidas que nunca llegaban a algo serio. Poco a poco, y después de un trabajo perseverante, comenzó a realizar una transformación interna que le permitió conocer a una persona muy parecida a lo que siempre había anhelado. Le tomó varios meses más construir, con empatía y amor, esa relación que siempre había imaginado vivenciar.

El Universo, Dios, los Ángeles, o en lo que sea que creas —como te dije anteriormente—, jamás te mandarán algo a tu vida que genuinamente creas y sientas que representa un peligro para ti o los que te rodean. Y te quiero ser honesta: por lo regular, los primeros meses que me propongo una nueva meta, o que visualizo algo increíble para mi vida, y que digo que ya estoy lista para recibirlo, dentro de mí suelo tener miedo. Incluso, suelo creer que cosas muy malas me pueden pasar si el Universo me las concede. Y no es que este temor sea algo que sólo me ocurra a mí, es muy normal que cuando comenzamos a trabajar por una meta que nadie en nuestra familia ha trabajado con anterioridad, o cuando no conocemos a nadie cercano que la haya obtenido, o incluso si es un objetivo que nunca nos habíamos propuesto, te sientas temeroso, indigno o no merecedor de esas bendiciones.

¿Qué pasó conmigo? Por casi un año trabajé en mí, específicamente en este tema. Identificando todo lo que me daba miedo de esa nueva realidad. Compartiendo estos miedos con quienes me rodeaban, y poco a poco comencé a soltarlos y a definir nuevas creencias, donde las personas que me rodeaban y yo estaríamos a salvo si esto llegaba a mi vida. Al final logré manifestarla, y todo estuvo lleno de amor, milagros y como a mí me gusta llamarle: lleno de "disidencias". De hecho, hice un video en mi canal de YouTube, por si quieres escuchar el chismecito completo de cómo todo se acomodó para que llegara a nosotros.

De nuevo, recuerda que es normal que sientas miedo e incomodidad de que cosas buenas te pasen. Al igual que es normal que sientas miedo e incomodidad al pensar que cosas malas te pueden pasar. También es normal que sientas envidia porque alguien más ya consiguió lo que tú deseas; incluso puedes sentir que la vida es injusta o que el tiempo está pasando, corriendo, y que no estás haciendo nada y que la vida se te está yendo de las manos. Sí, sí, todo eso es más que normal, pero para que esas emociones negativas no nos bajen la frecuencia y causen que manifestemos cosas que no queremos en nuestra vida —aunque es muy probable que inconscientemente estés decretando y afirmando justo esas cosas que no deseas—, debemos soltar. Dejar ir es muy importante. Libérate de la envidia, de la injusticia y del enojo; date el permiso de sentir tales emociones, pero no las dejes dentro de ti, sácalas. Además, debemos comenzar a cambiar estas reacciones: en lugar de que envidiemos los logros de otras personas, hagamos el hábito de bendecir lo que otros tienen. Y si alguien cercano a ti ya consiguió eso que quieres ver manifestado en tu vida di: "¡Qué genial que lo obtuvo! Yo sé que en el Universo hay suficiente para todos y yo soy el siguiente. Gracias porque ya está hecho". Verás que estos cambios de actitud van a ayudarte mucho en tu proceso de manifestación. Así que no te rindas y sigue trabajando en lo que te toca, pues recuerda que el Universo también hace su parte. Confía en el proceso y siempre trátate bonito, ámate y respétate.

¿CÓMO LIBERO ESTE MIEDO GIGANTE A LAS BENDICIONES?

A mí en lo personal lo que más me sirve es lo siguiente:

1) *Escribir esta versión radiante que deseo de mí misma*. Ejemplo: ¿cómo se siente haber comprado esa casa? ¿Cómo es mi vida ahora con ese negocio exitoso? ¿A qué huele una mujer que está comprometida con el amor de su vida? Entre más detalles, mejor. Necesitamos que puedas crear esta versión tuya, y puedas casi reconocer cómo camina, cómo habla, cómo piensa, cómo huele.
2) *Después escribo todo lo que me da miedo respecto a conseguir esa versión que quiero ser*. Ejemplo: ¿qué me da miedo de que me den ese anillo? ¿Qué puede pensar equis persona? ¿Qué me puede pasar en la calle con él? ¿Qué oportunidades creo que se me van a ir por obtenerlo? Si consigo la casa de mis sueños, ¿qué me daría más miedo de ello? No te preocupes si los miedos que encuentras suelen ser repetitivos, es normal.

Por lo regular lo que más miedo nos da corresponde a nuestras heridas más profundas. Como lo platica la autora Lise Bourbeau en su libro *Las 5 heridas que impiden ser uno mismo*: normalmente tus miedos estarán relacionados con: ser abandonado, ser rechazado, ser humillado, ser traicionado y vivir situaciones de injusticia. Así que no te sientas avergonzado si al pensar en tener una casa grande tu miedo profundo es ser abandonado por tu familia. O que cuando pienses en ser promovido en tu trabajo tengas miedo a ser abandonado por tu pareja, por tu familia o sentir que serás rechazado por el círculo social en el que creciste. Es normal que esto se repita, y muchas felicidades por darte permiso de reconocerlo, pues te ayudará a encontrar más claridad.

¿A QUÉ LE TENGO MIEDO?

Lo ideal es que hagas esta actividad a profundidad, pero me gustaría que antes de que pasemos al siguiente capítulo te des cuenta un poco de lo que sientes y sucede. Por eso te invito a que llenes la siguiente tablita. Pregúntate: si eso que quiero ver manifestado llegara, ¿qué miedos tendría?, ¿qué pasaría en mi vida?; pero si no llegara, ¿qué miedos tendría?, ¿qué pasaría en mi vida?

Deseo manifestar: ______________________________.	
¿Qué pasaría en mi vida si todo sale bien?	¿Qué pasaría en mi vida si todo sale mal?
1.	1.
2.	2.
3.	3.

¿DESDE QUÉ ENERGÍA ESTÁS VIVIENDO?

Este tema en verdad cambió mi vida, y hoy estoy feliz de poder compartirlo contigo. Te recomiendo que leas este apartado desde un espacio tranquilo, buena onda, y que te sientes de la mejor manera en la que creas que te podrás concentrar mejor. Incluso si quieres poner un incienso o música, está perfecto, el punto es que tu espacio te transmita comodidad.

Aquí vamos juntos, imagina esto conmigo: visualiza como si nosotros, siendo humanos, necesitáramos electricidad para funcionar. Y que de alguna parte de nuestro cuerpo saliera un cable con el que nos enchufamos para recargarnos la pila y continuar avanzando. Así como funciona tu teléfono, computadora y casi todo lo que usas en tu día a día.

Ahora, visualiza conmigo que hay dos tipos de energía disponibles: una es muy popular y es la más conocida; la otra se conoce, pero se utiliza poco. Dependiendo del conector que elijas, es el tipo de experiencias, pensamientos y oportunidades y básicamente tu vida entera que tendrás, en la que podrás no sólo crear sino atraer cosas similares a este tipo de energía. Hasta ahora no suena como nada nuevo, ¿cierto?

Bueno, a mí me gusta llamarles a estos dos tipos de energía el conector del amor y el conector del miedo. Puedes elegir conectarte a los dos, pues ambos conectores te darán lo suficiente para vivir y crecer. Sólo que el tipo de vida y realidad cambian drásticamente. De hecho, creo profundamente que una persona que vivió del conector del miedo, y después comenzó a elegir el conector del amor, puede reconocer a los que están aún atados al miedo y a los que están ya conectados al amor. No sé cómo explicártelo, pero es algo que de verdad pasa, se siente.

No importa a cuál te conectes, esta energía no dura todo el día y tienes que recargar esta pila varias veces, sin importar si elegiste el conector del amor o el del miedo. Como te dije anteriormente, en ambos puedes vivir una vida entera. Entonces, ¿qué sería lo peligroso de esto? El peligro está en que usualmente las personas se conectan, sin prestar atención a qué energía fue a la que se enchufaron. Y sólo se conectan un día tras otro, y así transcurre toda su vida, sin entender por qué tienen ese tipo de experiencias una y otra vez.

Vamos siendo más claros: todo lo que hacemos y experimentamos se vive completamente diferente cuando tu combustible es el amor que cuando es el miedo. Para que puedas comparar esto más fácilmente, te recomiendo que llenes la siguiente tablita; en ella verás diversas situaciones comunes en las que podemos elegir conectarnos con el amor o con el miedo.

¿A CUÁL ENERGÍA ME ESTOY CONECTANDO?		
Situación	**Sabes que estás conectado al amor cuando:**	**Sabes que estás conectado al miedo cuando:**
En tu alimentación:	Consumes alimentos nutritivos y saludables. Cuando comprendes que muchas situaciones físicas y emocionales provienen de una buena alimentación, de propiciar un buen metabolismo y cuando sabes cómo hacer el *mix* de tus comidas: qué alimentos	En general tus alimentos son poco nutritivos, y éstos sacan tu versión más cansada, inflamada, caótica, enfermiza, obsesiva, compulsiva. Cuando te enferman en lugar de nutrirte. Cuando gracias a estos alimentos tu relación contigo

	sí se pueden combinar y cuáles no. Esto te dará más salud, más energía, más vida, más alegría. Te conectas al amor cuando preparas tus alimentos con entusiasmo y disfrutas cocinarlos y comerlos. Cuando comes sin prisa y te haces consciente de tu proceso de masticación, sin estar pensando en otras cosas. Cuando tomas suficiente agua. Cuando comes a tus horas, sin malpasarte. Cuando complementas las deficiencias de tu bioquímica con vitaminas y suplementos. Cuando te ves al espejo y sonríes, pues te amas.	mismo se ve afectada, ya que no te gusta lo que ves en el espejo, y con el tiempo se vuelve un ciclo vicioso, donde hasta tus pensamientos son poco nutritivos. Te cuesta pensar en ti y en las porciones que tu cuerpo puede procesar en esos momentos, donde el comer ya no es alegría, gozo y amor, sino odio, miedo y culpa. Quizá mucho de esto se te haga familiar, no te preocupes. Hace muchos años estuve ahí.
En tus hábitos:	Cuando mis hábitos son constructivos y están en armonía con mi salud física, emocional, mental y espiritual. Y aunque pueda que existan cosas que mejorar en mis hábitos, hago los cambios con paciencia y amor,	Cuando mis hábitos son destructivos y están en disonancia con mi salud física, emocional, mental y espiritual. Cuando mis hábitos los hago en automático sin reflexionar en por qué los

	sin juzgarme ni ser muy duro conmigo mismo.	estoy haciendo y, cuando identifico los hábitos que debo cambiar, prefiero seguir haciéndolos, pues me siento incapaz de realizar cambios positivos.
En tus metas y sueños:	Cuando mis metas y sueños se convierten en una motivación constante y me apapacho cada vez que me acerco a ellos. Llegar a ellos me va a dar autorrealización, pero entiendo que lo importante es el proceso y no el resultado.	Cuando mis metas y sueños se convierten en una carga, en una obsesión que me lastima cada vez que no me acerco a ellos. Ir hacia ellos me resulta agotador y agobiante, pues la idea de no conseguirlos me hace sentirme en el fracaso.
En el tipo de amistades, relaciones y entretenimiento que tienes:	Las personas que me rodean me ayudan a encontrar la mejor versión de mí mismo. Cuando la convivencia con ellos se vuelve edificante, amena y provechosa, pues hablamos de temas útiles para nuestro crecimiento. Me conecto con la energía del amor cuando el esparcimiento que	Las personas que me rodean me dicen lo que quiero escuchar en lugar de la verdad, cuando en vez de hacerme crecer me hacen vivir en mi autocomplacencia. Cuando la plática en mis relaciones se vuelve intrascendente y se centra en temas superficiales, en críticas a los

	procuro se vuelve constructivo y aleccionador, pues abre mi percepción del mundo, volviéndome más tolerante y respetuoso con otras formas de pensar.	demás y a lo externo. Cuando el entretenimiento y esparcimiento que consumo es vano y no aporta nada nuevo para mi persona.
En cómo te hablas a ti mismo y a otros:	Tus palabras son comprensivas y compasivas contigo mismo. Les hablas a los demás con empatía y con una mentalidad abierta para entender la diversidad; no tratas de imponer tu propio punto de vista.	Tus palabras son severas y de autocrítica. Les hablas a los demás desde una barrera, con una mentalidad cerrada enfocada en un único criterio; tratas de imponer tus puntos de vista como los únicos válidos.
Cuando vives experiencias desagradables:	Aceptas las vivencias que te da la Vida, pues entiendes que detrás de todo hay un bien oculto, que todo suceso es una lección de vida. Aceptas una vivencia desagradable comprendiendo que es consecuencia de tu pasado: tu yo del pasado causó esa manifestación. Te haces la pregunta: "¿Para qué me sucede esto?".	Le reprochas a la Vida por lo que estás viviendo, sientes un profundo malestar de injusticia. Crees que las vivencias desagradables son causadas por situaciones externas, por los demás. Te haces la pregunta: "¿Por qué me sucede esto?".

Cuando vives experiencias agradables:	Agradezco a la Vida por las bendiciones que me ha brindado, por sostenerme con amor y bondad. Reconozco que yo mismo me he dado el permiso de vivir esas experiencias, pues me siento merecedor.	Pienso que esos sucesos agradables son producto de la buena suerte, de alguna casualidad que no tiene nada que ver conmigo. Veo esos eventos positivos con recelo y suspicacia pues pienso que es demasiado bueno para ser verdad y que debe haber gato encerrado en el asunto.
Cuando te permites tener cierto tipo de cosas:	Le doy gracias al Universo, que me ha dado la oportunidad de obtener cosas que deseaba o necesitaba. Sé que al dar, usar o invertir mi dinero, estoy poniendo en práctica una ley muy importante de la prosperidad.	Siento que al comprar o adquirir ciertas cosas estoy despilfarrando el dinero, siento que estoy siendo irresponsable pues podría usar mi dinero para comprar otras cosas, para invertir en mejores opciones.
En cómo generas ingresos:	Veo el trabajo como una bendición que me permite poner en práctica mis habilidades y capacidades. La vida me ha puesto en las situaciones	Veo el trabajo como un mal necesario. Así es la vida de adulto y así es la vida de dura. El destino que me tocó me posicionó en un estatus social

	favorables para que pueda sostenerme económicamente.	desfavorable. Sólo los ricos pueden dedicarse a lo que les gusta.
En tus recuerdos:	Cuando mis recuerdos me conectan con emociones que me dan felicidad y autorrealización. Y si recuerdo cosas negativas o dolorosas, las acepto con la conciencia de que fueron lecciones de vida que me llevaron a donde me encuentro actualmente. Recuerdo sin dejar de vivir mi presente.	Cuando mis recuerdos me causan tristeza y anhelo por esas vivencias: creo que el pasado era mejor que el presente. Vivo desde la añoranza y dejo que la vida a mi alrededor pase sin ser valorada, sin ser vivida.

¿CÓMO NOS RECARGAMOS DE ESTAS ENERGÍAS?

Estoy segura de que ya pensaste: "Okey, sí se ven y se sienten diferente estos dos tipos de energía, pero ¿cómo puedo elegir cargarme de una y otra?". Obviamente no tenemos ningún enchufe físico, como te conté antes, pero sí uno energético: nos recargamos cuando convivimos con personas que vibran en una u otra energía. Es decir, si le hablas a tu tía o tu mamá todas las mañanas, revisa cómo te sientes y de qué hablan juntos. Con este pequeño ejercicio, puedes saber si te estás cargando de amor o miedo.

Nos recargamos cuando consumimos contenido, ya sea en la radio, redes sociales, música, series y todo lo que te puedas imaginar. De algo estoy segura, consumir energía de miedo es algo adictivo. El vivir en drama, sufrimiento, dolor y energías similares se vuelve adictivo. Siempre hay nuevas maneras de cómo recargarlo. Recuerda que no puedes atraer una vida bonita y amorosa si todos los días no estás eligiendo vivir una.

8
PREPARAR EL TERRENO

Para explicar mejor a qué me refiero cuando digo que tenemos que preparar el terreno me gustaría hacer una analogía. Cuando en un hogar se sabe que un bebé está en camino, la casa cambia completamente, ya sea en su estructura, en su organización, en su ambiente. Tal vez se va a adecuar una habitación para el bebé y, sin lugar a duda, se conseguirán todas las cosas que se necesitan para criar a un bebé: una cuna, una bañera, ropa, biberones, una almohada especial, pañales, toallitas húmedas, aceites, cremas, talco, en fin. Además, hay otros detalles alrededor que también deben tomarse en cuenta. Vas a tener que avisar en tu trabajo que vas a tener un bebé o que tu esposa va a tenerlo, por lo que habrá una fecha tentativa en la que tendrás que ausentarte. Vas a tener que hacer los arreglos necesarios en cuanto a los servicios médicos: pagar algún paquete de parto en un hospital, investigar tus opciones de médicos que puedan atender el parto y te revisen durante el proceso del embarazo, tendrás que indagar con cuál pediatra vas a llevar a tu bebé una vez que nazca, entre otras cosas más. Todos esos cambios y adaptaciones son necesarios para darle la bienvenida a esa nueva etapa de tu vida que iniciarás como mamá, como papá. Estas previsiones que se toman están preparando la llegada del bebé.

Al igual que los futuros padres se preparan para la llegada de su hijo o hija, nosotros debemos de prepararnos a nosotros mismos y a nuestra vida para estar listos para recibir la manifestación que deseamos. Ten en cuenta que esto no se hace de la noche a la mañana de manera improvisada. No es que el mero día en que va a llegar tu manifestación te prepares, o justo el día en que te cambian de puesto en el trabajo, o que te vas a ir de viaje y compras el vuelo el mismo día en que comienzan tus vacaciones o tu viaje de negocios. No, definitivamente no funciona así.

En realidad toda esta preparación se hace mucho antes de que incluso tú tengas señales o indicios de que aquello que pediste se va a manifestar en tu vida. Es como un acto de fe, pues recuerda que cuando pedimos algo lo hacemos agradeciendo porque ya lo hemos recibido. Pero no se trata de una fe ciega, sino más bien de una certeza espiritual. Cada vez que decimos: "¡Gracias porque así es!", "¡Hecho está!", "¡La ley espiritual se cumple!", es porque ya tenemos un conocimiento previo que nos da la seguridad de lo que estamos haciendo. Justamente este libro te está dando ese conocimiento que necesitas para aprender a manifestar, estás aprendiendo y usando las leyes de la manifestación, por así decirlo. Una vez que conoces estas leyes o reglas debes tener la certeza de su funcionamiento, así como tienes la certeza de que la ley de la gravedad va a hacer que se caiga un objeto si lo sueltas, pues el centro del planeta Tierra lo va a atraer hacia él. Así que, con esa certeza, debes lanzar, soltar al Universo tus planes de manifestación.

De acuerdo a mi experiencia, te voy a compartir tres ejemplos de cómo debería de prepararse el terreno en tres circunstancias específicas: incrementar el tamaño de un negocio, encontrar una pareja sentimental y recibir oportunidades en tu vida.

NEGOCIO

He visto cómo muchas personas que tienen su propio negocio o empresa piden manifestar un crecimiento mayor para tener, por supuesto, mayores ingresos. Se enfocan tanto en la meta, que se les olvida preparar el camino, así que cuando manifiestan ese crecimiento que estaban buscando, no saben qué hacer para manejarlo, pues no tienen la infraestructura, ni el recurso humano, ni las capacidades logísticas para que aquello funcione. Si no prepararon el terreno con anterioridad, lo único que va a pasar será un fracaso obvio.

Por ejemplo, si en tu negocio haces todo y de repente sucede algo enorme que lo hace crecer, ¿qué vas a hacer? Imagínate que un día te llegan mil mensajes preguntando sobre tu servicio; lo más probable es que no les vas a poder contestar a todos y vas a tener personas molestas porque no tienes un buen servicio al cliente. O tal vez vas a tener tantos pedidos o ventas, que se te va a salir de las manos, pues no podrás atenderlos a todos, principalmente si tu negocio es en línea y tienes que llevar a cabo varios pasos de logística, como preparar guías, empacar el producto, enviarlo y rastrearlo; si no logras tener toda la mercancía lista, puede que les quedes mal a tus clientes y te califiquen mal o ya no te vuelvan a comprar. Y ojo, todo esto no significa que te endeudes con mejoras enormes para tu negocio. Por ejemplo, si haces pasteles, no se trata de que hagas mil pasteles porque no los vas a vender todos ya que tu promedio es hacer doscientos. Pero lo que sí podrías hacer es comprar una buena batidora que te dé la posibilidad de hacer más pasteles en menor tiempo para que estés listo cuando lo necesites. O tal vez podrías hacer una lista de respuestas y mensajes prehechos para que nada más tengas que copiar y pegar, y no tener que escribir cada uno de los mensajes y así puedas eficientar tu tiempo de respuesta. Quizá ya tienes lista toda la infraestructura física, pero no tienes solucionado el tema financiero, probablemente necesites abrir una cuenta bancaria empresarial, o consultar con tu contador para saber si tienes que cambiar de régimen fiscal.

Posiblemente lo que te haga falta serán manos que te asistan, por lo que tendrás que contratar a las personas adecuadas que te ayuden a optimizar todo eso que tú quieres lograr y manifestar. Obvio todo este proceso no lo tienes que hacer en soledad. Parte importante de preparar el terreno es comenzar a delegar para que tú comiences a buscar esos nuevos horizontes que quieres manifestar en tu negocio.

En resumen, tu negocio tiene que estar ordenado y listo para recibir nuevas cosas. Recuerda que en el momento en que definas tus metas, debes encontrar la claridad para saber todo lo que implica y gira alrededor de eso que deseas atraer.

PAREJA

He visto varias veces que muchas personas están pidiendo y pidiendo una pareja nueva, pero ni siquiera están listas para tenerla. Entonces ¿qué es lo que se puede hacer en estos casos? Bueno, primero la persona tiene que estar sana —por llamarlo así— en todos los ámbitos de su vida, pero principalmente en lo relacionado con lo emocional, o sea, que haya ido a terapia, que ya no esté triste ni llorando por su ex, que esté tranquila, pues muchas veces cuando alguien piensa en la posibilidad de que va a llegar una nueva pareja a su vida siente miedo o tal vez proyecte sus experiencias negativas del pasado y tenga la creencia de que todas las parejas son iguales: infieles, groseras, abusadoras, convenencieras, hirientes, etcétera. Si la persona no está sana, no está lista para recibir a una pareja, lo primero que debería hacer es curar esas heridas no cerradas, deberá encontrar la claridad, paz y aceptación de sí misma, de las circunstancias que pasaron, pues si bien no se puede cambiar el pasado, sí podemos aprender de él.

Ahora, si la persona ya está sana y ya se siente lista para recibir a una nueva persona en su vida, entonces tiene que ver con claridad si esto es así, es decir, que realmente su vida tenga el terreno preparado para recibirla. Por ejemplo, si supieras que la próxima semana llegará esa persona que tanto has pedido, ¿sí tienes el tiempo para compartir con ella?, ¿tienes el tiempo de dedicarle a la relación? ¿Mi negocio o mi ritmo de trabajo me permiten tener una pareja? ¿Mi familia está lista para aceptar a esta nueva pareja? Respecto a la última pregunta, si bien es cierto que a la persona que le debe de importar el tema de la pareja es a ti y no a tu familia, hay casos muy específicos o extraordinarios que van a requerir que prepares el terreno con anterioridad; por ejemplo, si eres mamá soltera, ¿crees que emocionalmente tu hijo o tus hijos están listos para recibir a una nueva pareja en su vida? Si no lo crees, entonces tal vez deberías de hablar con ellos y platicarles cómo te sientes, o lo importante que es para ti iniciar esa nueva relación.

Si ya tienes la claridad y tú y tu vida están en sintonía para recibir a una nueva pareja, entonces puedes hacer una afirmación, puedes hacer una petición al respecto y, retomando el ejemplo anterior, si es el tema del tiempo, entonces lo que tendrías que hacer es decir: "Gracias, Universo, porque llega a mi vida una pareja buena y compatible para mí. Tengo el tiempo para dedicarle a la relación y mi negocio lo puede integrar, mi familia lo puede integrar, yo lo puedo integrar y aceptar, pues hay un espacio disponible para que esto llegue a mi vida". Ya sabes que tú puedes hacer tus propias afirmaciones y peticiones; siéntete con la libertad de usar tu creatividad para hacerlas, siempre y cuando consideres los puntos de los que ya hemos hablado en secciones pasadas.

OPORTUNIDADES

Sé que decir simplemente oportunidades suena a algo muy general y abierto, pero es que es verdad, cualquier oportunidad que desees que se manifieste en tu vida, siempre y cuando siga las recomendaciones que te he dado con anterioridad —qué sí te recomiendo pedir, qué no, cómo debes de hacerlo, qué debes considerar antes de hacerlo, tener la claridad necesaria para pedir específicamente—, se va a dar. No importa que sea un nuevo trabajo, un viaje, una pareja, una casa, concretar un proyecto creativo, en fin, recuerda que las posibilidades son infinitas.

Para dejar más claro este punto, me gustaría platicarte una anécdota de mi vida. En cierta ocasión yo me empeñé mucho con la idea de que quería que me invitaran a colaborar en algún podcast, quería que me invitaran a hacer cosas padres, como participar en revistas o programas; quería emprender nuevos proyectos además de hacer mis videos, de impartir mis cursos y de dar sesiones privadas. Estuve pidiendo esa manifestación por algo de tiempo, pero no se me daba. Al principio me sentí frustrada, pero cuando comencé a hacer trabajo de introspección, me di cuenta de que eso no llegaba a mi vida porque no había espacio en ella, pues yo estaba superocupada con mis otras actividades. Como te dije, daba mis sesiones, impartía mis cursos y hacía mis videos; de verdad que no me quedaba tiempo para nada. Entonces un día, en una práctica de escritura sanadora, me dije: "Okey, dejaré los viernes siempre libres para grabar y tengo la confianza de que todo va a llegar". Luego de decir mi petición, limpié permanentemente mi agenda para eso y lo mantuve en mi mente. Y pues resultó acertado: el siguiente viernes ya lo tenía libre y, después de tres semanas a partir de ese día, me buscó una persona para invitarme a su podcast que grabaría el viernes. En los días siguientes, otra persona me contactó y me invitó a su podcast que se grabaría, adivina qué día, sí, correcto: el siguiente viernes. Me sentí sumamente agradecida con el Universo y me apapaché por haberme dado el permiso de que ese deseo llegara a mi vida. Pero la cosa no terminó ahí. Después de haber grabado esos podcasts comenzaron a llegarme más invitaciones para otros eventos, de forma que comencé a tener más presencia en la radio y en otros medios que no eran los habituales para mí.

¡Qué importante es que nos demos permiso de aceptar nuevas cosas en nuestra vida y de sentirnos merecedores! Todo ese torrente de nuevas actividades que llegaron a mi vida se dio porque yo me hice un espacio los viernes para que sucediera. Lo interesante aquí es que, aunque me pasó muchas veces por la mente la idea de que debía de ponerme en contacto con personas del medio para que me invitaran a sus programas, a sus podcasts, nunca lo hice. Igual y pude haberles dicho: "Oigan, ya tengo los viernes libres para cualquier colaboración", pero llegó solito. He reflexionado sobre este suceso y llegué a la conclusión de que se dio de esa manera porque muy probablemente eso ya estaba disponible para mí desde hacía mucho tiempo, pero no se había manifestado porque mi vida no estaba lista para recibirlo; yo no estaba lista para recibirlo.

Como puedes ver, con estos tres ejemplos nos damos cuenta de que preparar el terreno, preparar tu vida para recibir una manifestación, no sólo tiene que ver con el aspecto físico o material, sino que también están involucradas las emociones y los pensamientos. Y aunque no podemos saber cuánto tiempo nos va a tomar preparar el terreno o, ya teniéndolo preparado, en cuánto tiempo se manifestará eso que pedí, debemos confiar en la sabiduría del Universo, pues como dicen: "El tiempo de Dios es perfecto", de manera que nuestros deseos se van a manifestar cuando sea el tiempo indicado, en las circunstancias indicadas. Así que, mientras hagamos la parte que nos toca, debemos confiar en las leyes universales y divinas, pues ellas pondrán en funcionamiento los engranes energéticos que manifestarán aquello que hemos pedido. Debes saber que en el plano espiritual el tiempo es una ilusión y no es lineal, es decir, no se percibe como nosotros lo hacemos en este plano físico, por lo que no debemos desanimarnos por el factor tiempo. Debemos confiar en el proceso.

Sin embargo, muchas veces una manifestación puede tardar semanas, meses e incluso años; no lo sabemos. Y es que el proceso de preparar nuestra vida para recibir lo que hemos pedido se combina con el proceso de seguir consiguiendo más y más claridad, para que nos hagamos conscientes de nuestra petición y estemos seguros de qué es lo que queremos, por qué y para qué. Seguir descubriendo tu proceso de claridad es vital para que te impregnes de la certeza y no dudes. Tener claridad es una forma de decirle al Universo o a Dios que estamos listos para recibir lo que hemos pedido, de modo que todo va a llegar a nosotros siempre y cuando nos sintamos listos o cuando nuestra vida esté lista para recibir esa manifestación.

ACTIVIDAD

Me gustaría cerrar este capítulo invitándote a hacer una reflexión. Cada vez que sientas que necesitas abrir un espacio en tu vida para recibir algo, hazte las siguientes dos preguntas:

1) ***¿Qué necesito aprender para recibir esto?***
   Es decir, pregúntate qué es lo que necesitas optimizar en tu vida, qué necesitas desarrollar, qué necesitas mejorar, piensa cómo es que puedes facilitar el camino a aquello que has pedido. Pero sobre todo, reflexiona en cómo te puedes expandir para recibir tu manifestación. Hay un dicho relacionado con esto que me gusta mucho y te lo voy a compartir: "No puedes vivir esperando que te traigan flores, mejor cultiva tu propio jardín".

2) ***¿Qué necesito desaprender o soltar para recibir esto?***
   Tal vez soy una persona muy egocéntrica y necesito bajarle a mi ego, ser más humilde. Quizá siento que tengo mucho miedo y necesito dejarlo ir. Posiblemente me sienta muy atorada en mi proceso. Es probable que las creencias que tengo no sean compatibles con eso que pedí. Puede ser que mi equipo de trabajo no sea capaz de sobrellevar lo

que estoy pidiendo y no me he dado cuenta. Incluso, puede ser que yo sí estoy listo para recibir lo que pedí, pero alguien a mi alrededor no, tal vez la pareja que tengo no es compatible con eso que yo quiero, por lo que tenemos que hablar al respecto para estar en la misma sintonía o, en caso de que no haya otra solución, debería de cambiar de pareja. En resumen, tengo que saber qué es lo que necesito limpiar, arreglar o cambiar de mi vida, para que lo que pedí sí llegue. Y como ya te dije, no sólo se trata de cosas físicas. En muchas ocasiones son cuestiones emocionales o traumas que no hemos resuelto. En todo caso, recuerda buscar la claridad, y si crees que tú sola o tú solo no puedes hacerlo, pide ayuda; ve con tu terapeuta, acude a alguna sesión de medicina alternativa, en fin, tú sabes qué es con lo que mejor resuenas. El punto es que nos sintamos cómodos durante el proceso.

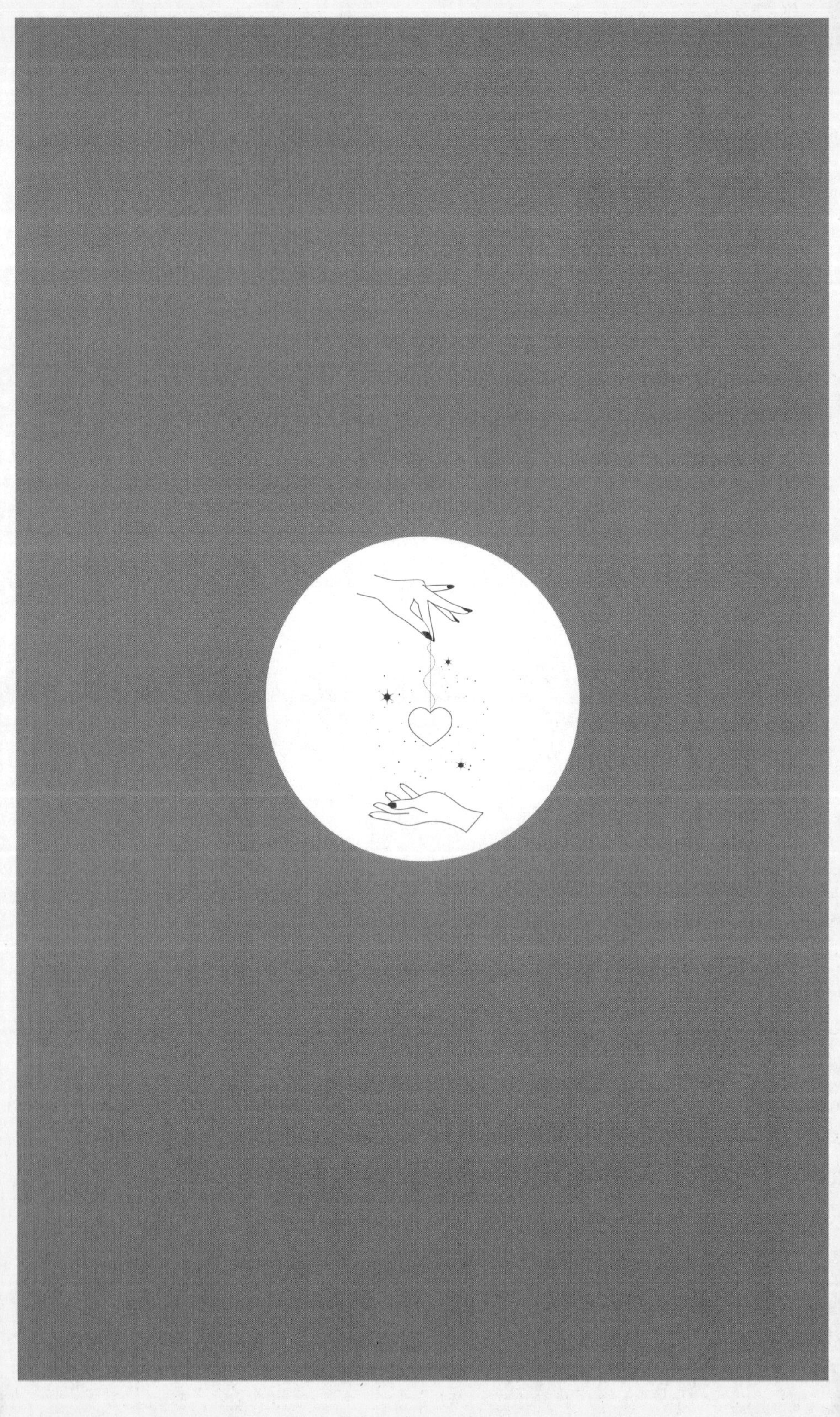

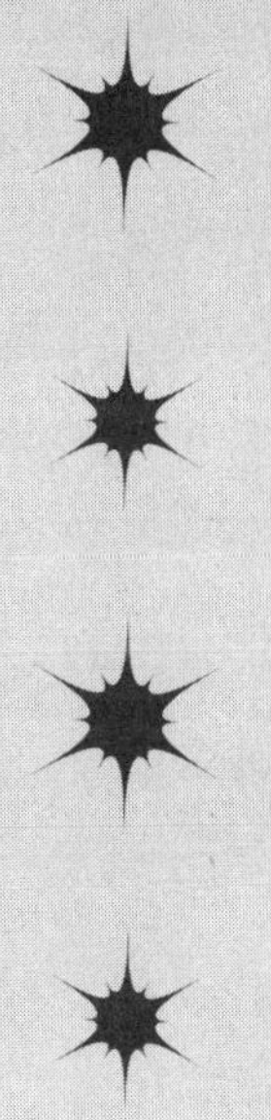

9
¿LEVITO?, ¿O TOMO ACCIÓN?

ERRORES MÁS COMUNES AL MANIFESTAR

Constantemente veo a las personas que piden de muchas maneras: en Año Nuevo, en sus cumpleaños, en fechas importantes, y piden y piden mil cosas, pero ahí se queda, en la intención. Pasan los años y en cada Año Nuevo, en cada cumpleaños, en cada fecha importante, siguen pidiendo una y otra vez las mismas cosas, pero no toman ninguna acción para acercarse a eso o no comienzan su proceso de manifestación, básicamente.

Por ello, para ayudarte a que logres tomar acción, a continuación te comparto los errores más comunes al intentar manifestar algo o al comenzar un proceso de manifestación:

1) *El miedo constante.* Perdón si te ofendo o molesto por la analogía que voy a usar para explicar este punto, pero yo veo que muchas veces nos sentimos como un perro chihuahua, todo nervioso, que ladra y ladra pero no hace nada. Sí queremos algo, pero no queremos tomar acción, y luego no sabemos exactamente qué queremos y ahí es-

tamos todos nerviosos, con un miedo espantoso, lo cual obviamente es una de las peores vibraciones en las que podemos estar si es que queremos manifestar algo bonito.

2) *Pedir con urgencia.* Ni siquiera sabes bien qué quieres ni adónde vas, pero necesitas las cosas urgentemente y, de nuevo, como lo hemos platicado, si pides desde la urgencia, eso significa que estás pidiendo desde la carencia, por lo que no es una buena manera de pedir, sin mencionar que no estamos tomando las mejores decisiones desde esa energía, pues corremos el riesgo de dejarnos llevar por las emociones del instante.
3) *Preocupación.* Esto va ligado al punto anterior, ya que nos conectamos con energías de baja frecuencia; estamos preocupados porque de cierta manera no tenemos la confianza de que eso que pedimos vaya a llegar o que vaya a salir o que seamos capaces, y constantemente nos estamos enfocando en todo lo que sentimos que no va a pasar, en toda esa energía que en realidad no queremos que crezca o que se manifieste. Recuerda que el subconsciente no conoce de bromas, así que al pensar en esos escenarios negativos, lo que en realidad estás haciendo es nutrir esa energía y, por lo tanto, vas a manifestar eso que no quieres pero que alimentas constantemente con tus pensamientos.
4) *Sentir envidia por otros.* Estamos tan urgidos de que queremos que llegue cierta manifestación a nuestra vida, y a la vez preocupados porque no sabemos cuándo va a llegar, que no nos damos cuenta de las probaditas y pruebitas que el Universo nos está mandando, para que nos acerquemos con mayor claridad a la manifestación deseada; estamos

distraídos con los logros de los demás y nos sentimos mal porque otras personas ya consiguieron lo que pedí y yo todavía no lo tengo. La envidia surge, en parte, por la frustración que sentimos de que lo que pedimos se está agotando, que no hay suficiente para nosotros, por lo que comenzamos a sentirnos mal con nosotros mismos, a tirar mala vibra, a criticar a las personas que ya lograron lo que deseo con fervor, pues nos sentimos mal porque otros ya lo tienen y llegamos a pensar que nosotros no lo vamos a tener, que nos han quitado lo que era nuestro; esto último es uno de los errores más fuertes que podemos cometer en nuestro proceso de manifestación.

5) *La falta de confianza.* Sin importar en quién se centre la desconfianza —ya sea en el Universo, en tu proceso o en ti mismo—, lo único que va a pasar si vibramos desde la falta de confianza es que tarde o temprano vamos a caer, a tirar la toalla. No vamos a tomar las mejores decisiones, no se nos van a ocurrir buenas ideas, ni los planes de acción más propicios para nuestro proceso de manifestación. En verdad es una energía muy negativa porque nos frena totalmente y hace que les demos la espalda a grandes oportunidades, que cerremos las puertas que están abiertas de par en par para que las crucemos y vayamos al destino que hemos elegido.

6) *No tener un plan de acción.* Es imposible que llegues de un punto A al B sin que lo hayas planeado, y si llegaste al punto B sin planearlo fue “suerte” (se manifestaron los resultados de lo que habías trabajado anteriormente o de lo que habías programado en tu mente subconsciente); también

pudo haber sido que ahí medio seguiste lo que se te fue ocurriendo sin planearlo en realidad, o posiblemente llegaste al punto B pero no como querías o a medias. Seguir un plan de acción no significa que vamos a programar todo con exactitud quirúrgica, como decir: "Voy a hacer esto el jueves 12 de octubre a las 10:00 a. m.". Más bien significa que tomemos acciones concretas que nos ayuden a encontrar más claridad y, por ende, a acercarnos más a nuestra manifestación deseada. Por ejemplo, si lo que quieres es comprar una casa, debes tener claro lo que necesitas para ello, como puede ser *1)* tener un trabajo, *2)* ir a ver casas, *3)* ver cómo la voy a pagar o cómo la voy a financiar, *4)* elegir la casa que quiero, *5)* comenzar con mi proceso de compra en el momento en que me sienta listo, entendiendo o sabiendo el tiempo que me va a tomar hacerlo. Quizá tu plan de acción sea decir: "Me voy a comprar mi casa en 20 años, pero hoy sé que necesito tener un trabajo para ahorrar o para cotizar en el Infonavit", y ése es un plan de acción maravilloso porque sabes a la perfección lo que implica y el tiempo que te va a tomar. Y cuando no tenemos un plan de acción, no sabemos exactamente qué es lo que necesitamos, somos como un corcho flotando en el agua que se deja llevar por las mareas, sólo que en este caso nos rodea el océano de energía. Sin un plan, por muchas cosas que hagas y mucho esfuerzo que le pongas, no estás yendo en la dirección indicada.

7) *No disfrutar el proceso.* Creo que es uno de los errores más fuertes. Es muy importante disfrutar el proceso. Considero que si tuviéramos que hablar de algún secreto para

manifestar, sería el siguiente: hay que encontrar el balance entre pedir y confiar. ¿A qué me refiero con pedir? Es necesario tener toda la claridad y pedirlo de una manera correcta. ¿A qué me refiero con confiar? A que tenemos que hacernos cargo de hacer esta chamba de vibrar en la frecuencia correcta cada vez que lo necesites: revisar tus pensamientos constantemente y verificar que te estés rodeando de las personas y circunstancias correctas, es decir, aquellas que vibren con lo que deseas manifestar.

Entonces, podemos decir que es encontrar el balance entre pedir y confiar, hay que tomar acción y movernos y buscar opciones, pues no todo se hace desde la pasividad o sólo teniendo una libreta con bosquejos —que como ya vimos, tiene su razón de ser, sí es importante—, hay que establecer nuestro plan de acción y seguirlo por el tiempo necesario mientras confías y te sientes relajado. Y aunque sé que suena complicado, créeme que puedes establecer una rutina manifestadora, que es lo que te voy a enseñar más adelante en este mismo capítulo.

EL TIEMPO DEL UNIVERSO ES PERFECTO

Es importante recordar que todo esto toma tiempo: encontrar el balance toma tiempo, hacer un plan de acción toma tiempo, encontrar la claridad toma tiempo, manifestar toma tiempo. Hay cosas que vas a pedir y te va a tomar años encontrarlas o manifestarlas: quizá dos, cuatro, 10, 20 años, toda una vida; no lo sabes. Lo más importante de todo esto es disfrutar el proceso, y para hacerlo debes de crear un ambiente donde te sea rico disfrutar el proceso.

¿Qué quiere decir esto? Voy a poner dos ejemplos para que quede más claro.

Imagínate que quieres manifestar llegar a tu meta física, ya sea aumentar de masa muscular, o tener un tipo específico de alimentación o bajar de peso. Como hay muchos factores implicados, no sabes cuánto tiempo te va a tomar, si un mes, si cuatro años, si 10 años, si 15... en realidad no lo sabes. Lo único que te va a hacer llegar a esa meta, aparte de seguir tu plan de acción, es disfrutar el proceso porque no es lo mismo que digas: "Okey, mi plan de acción para bajar de peso es comer rico, comer saludable, ir al gimnasio", y hacerlo por el tiempo suficiente. Para que sigas el plan con constancia, debes disfrutar de tu proceso, porque si de repente vas al gimnasio y te tratas muy feo, probablemente a los dos meses ya no vas a querer ir porque no lo estás disfrutando, al contrario, lo estás sufriendo.

Lo mismo pasa por ejemplo al construir una empresa: por más que ames y tengas el sueño de crear un imperio de tu producto o de tu negocio, si no estás disfrutando el proceso para llegar a tu meta, ya sea económica, de formar un imperio corporativo, o de alcanzar un crecimiento comercial, te vas a enfermar o vas a tronar o no va a pasar lo que visualizaste, así que lo mejor que puedes hacer para que el Universo sepa que esto te corresponde es que también le demuestres que estás disfrutando el proceso y que estás contento de recibir lo que pediste.

El siguiente ejemplo va por la misma línea. Imagínate esta escena o situación hipotética: estás en tu casa, con tu pareja y estás por recibir familia —no importa si es tu familia, o la familia de tu pareja o de quien sea—, pero estás discutiendo porque van a llegar pronto o quizá limpias y ordenas tu casa y estás de mal humor: "Es que estoy cansado, estoy barriendo, estoy trapeando, estoy aquí haciendo el aseo para recibirlos". Si alguien me dice que está por recibir visitas que tiene muchísimas ganas de ver y se está quejando porque van a llegar o no está disfrutando el proceso que tiene que hacer para recibirlas no podría creer que realmente las quiere en su casa, o sea, más bien pensaría que llegaron porque tenían que llegar o alguien las invitó o se invitaron solas o por algo, pero no podría creer que realmente está feliz de recibirlas. Lo mismo pasa con el Universo, con la energía, cuando no estás disfrutando del proceso de recibir eso que quieres en tu vida.

Entonces, mientras esperamos con la certeza de que ya está hecho, es bueno que nos rodeemos de un ambiente que nos ayude a conectar con la energía que necesitamos, con la vibración que necesitamos, para favorecer el proceso de manifestación de aquello que pedimos. No olvides que tanto lo interno como lo externo son de suma importancia, pues estos dos aspectos de nuestra vida están conectados íntimamente, en el fondo son uno solo.

CREANDO UNA RUTINA MANIFESTADORA

Lo primero que debes tomar en cuenta en este punto es que, así como las dietas son personalizadas, pues cada quien tiene una fisiología diferente, pasa lo mismo con una rutina manifestadora. Lo importante es que te funcione a ti, no a nadie más; y para encontrar una rutina que te funcione necesitas escucharte y probar en ti diversas experiencias y planes. Habrá ciertos momentos de tu vida en que, al querer manifestar algo, esto se dará con facilidad siguiendo cierto método, ciertas acciones. Sin embargo, puede ser que en otros momentos esas cosas que hacías ya no te funcionen más, por lo que tendrás que cambiar esa rutina. Entonces, necesitas darte el permiso de ir moviendo esas acciones, de ir escuchándote activamente. Quizá los siguientes puntos te den claridad de lo que tienes que cambiar en tu vida para crear esta rutina manifestadora y así materializar esas cosas que tanto deseas.

1) *¿En mi realidad hace sentido o hay espacio para recibir lo que quiero?* Por ejemplo, imagina que alguien quiere casarse y tener hijos, pero no se le da y, poco a poco, se da cuenta de que las amigas que tiene en su vida no paran de hablar de lo espantoso que es tener hijos y de lo horrible que es casarse y de lo terrible que es tener una pareja; en cambio, hablan de que es una buena idea quedarse solteras toda su vida.

   Entonces, es poco lógico que digas: "Yo quiero esto y para allá voy" y que pongas toda tu energía en ello, cuando tu alrededor te está diciendo que no es una buena idea. No nada más te están dando para abajo, sino que te dan más razones de lo peligroso que es conseguir esto, y entonces, aunque intentes debatir con ellas y quieras ganarles, la verdad es que te van a dar mucho material para que tu mente se dé cuenta cada día de que tu plan no va por buen camino, que no te conviene eso en tu vida.

   Lo que yo te recomendaría es que no sólo cambies tú y tus programaciones subconscientes, sino que también transformes todo a tu alrededor, ya que éste tiene que confirmarte, una y otra vez, durante todos los días, que es una buena idea recibir todo eso, y que hacerlo es sencillo, armonioso, que está disponible, que está genial, que pasa todos los días y que, al contrario de lo que muchos pensarían, no es un camino de sufrimiento o un camino espantoso, sino que es algo muy bueno. Todo esto que te he platicado hasta ahora tiene que ver con el aspecto de si realmente te está haciendo sentido tu realidad.

El otro aspecto, el que tiene que ver con que haya espacio en tu realidad, lo vamos a explicar aquí con un ejemplo que ya te he repetido varias veces en otros capítulos. Imagina que quieres un carro para tu vida, pero no sabes manejar y dices: "Voy a aprender a conducir ya; el día que me entreguen mi carro, ese día en la mañana. ¿Para qué lo hago ahorita si no tengo carro?; no pasa nada, lo puedo dejar para después". Incluso puede que veas el aprender a manejar como un mero proceso burocrático, como un trámite más, y no como algo importante o de peso que tienes que hacer para conseguirlo.

En este ejemplo nos podemos dar cuenta desde afuera que en verdad no hay espacio en tu vida para recibir este carro, pues no estás tomando las decisiones que tienes que tomar para recibirlo.

Por el contrario, en el momento en el que tú tengas tu licencia te vas a sentir con toda la confianza de que si ves un automóvil publicado en cualquier lugar y quieres ir a verlo, vas a saber cuál carro sí te gusta manejar y cuál no y, por ende, vas a tener más claridad de muchas cosas en tu proceso.

No es la misma vibración que mandas cuando dices: "Estoy listo para recibir mi carro" y visualizas cómo te lo entregan y cómo lo estás manejando y cómo estás saliendo de la agencia, porque no hay nada que te falte para poder recibirlo, a la vibración que mandas al Universo cuando dices: "Sí me lo van a dar, pero ¿qué voy a hacer?, ¿cuándo iré por mi licencia?, ¿cuándo iré a tomarme la foto para los trámites de la licencia?, ¿y qué voy a hacer con esto y aquello?", en fin, la lista de preguntas y dudas podría seguir y seguir. Pues si tienes dudas porque no has preparado el terreno lo único que va a pasar es que el Universo no va a entender por qué lo quieres, pero sí se va a dar cuenta de que no lo quieres o que no estás listo —tal vez te hace falta un documento o una credencial o soltar el miedo que te da manejar—, y por eso no te lo va a mandar en ese momento. Por alguna razón las cosas no van a fluir como a ti te gustaría y es algo muy simple que en realidad nos puede pasar con muchas otras cosas o situaciones que queremos manifestar.

2) *Cuando pienso en el proceso y en obtener esto que quiero, ¿qué siento?: ¿angustia?, ¿preocupación?, ¿miedo?, ¿tranquilidad?, ¿certeza?, ¿confianza?* Como ya lo he dicho, es muy importante que constantemente te cuides del miedo y sigas invirtiendo en tu mejora, cuidándote y limpiándote de pensamientos negativos y creencias limitantes. Yo te recomiendo que analices cómo te sientes en el proceso de manifestación e identifiques por qué te sientes así, si tienes una idea negativa, pregúntate por qué la tienes, ¿a quién se la escuchaste?, ¿qué sientes que va a pasar con esa manifestación?, ¿qué te da miedo?, ¿qué sientes que te está limitando? Una vez que lo escribas, deja descansar ese escrito, es decir, no vuelvas a él sino hasta unos días o semanas después; lo vas a volver a leer y, si seguiste tu plan

de acción, te vas a percatar de que muy posiblemente ya no resuenas con eso que escribiste, sino que ya tienes otras ideas. Es probable que se deba a que ya soltaste tus miedos, pues ya tienes mayor claridad y, al liberarlos de tu mente, encontrarás nuevas maneras o una perspectiva diferente de que cierta respuesta que habías escrito antes quizá ya no es exactamente como te lo estabas creyendo.

Otra cosa que te recomiendo que hagas es que eso que estás sintiendo o pensando, o esa negatividad o miedo que traes, lo consultes con tu psicólogo, con tu terapeuta, para que te ayude a sanarlo y liberarlo, pues muchas veces no tenemos la capacidad para hacerlo por nosotros mismos, ya que las emociones y creencias nos pueden detener o engañar, de manera que podemos autosabotearnos. También revisa si te estás comparando con alguien más o si la expectativa que tenías es poco real o si, de alguna forma, estás alimentando constantemente esas escenas catastróficas que tienen que ver con tu proceso de manifestación.

3) *¿Siento que tengo una manera clara de conectarme con esta energía de lo que quiero cada que lo necesito?* No olvides mantener viva esta energía y saber que estás enviando las vibraciones correctas y que te sientes como conectado con esto que quieres lograr, porque cuando estás conectado sabes que en algún momento va a llegar; tienes ese presentimiento que te entusiasma y que te hace sentirte tranquilo, pues te estás divirtiendo en el proceso.

Ahora vamos a aterrizar estos tres puntos con un ejemplo. Hacer esto que te voy a enseñar te ayudará a seguir teniendo claridad en tu proceso de manifestación y obvio en tu plan de acción. Ojo, esto que te voy a platicar no es algo que tengas que hacer todos los días, con la experiencia determinarás cuál es la mejor manera para ti; tal vez te funcione hacerlo diario, cada tres días, una vez a la semana, una vez al mes, en fin, ya irás afinando esos detalles del tiempo según tu estilo de vida y tus circunstancias particulares. Además, ten en cuenta que no se trata de hacer una sola cosa y ya, sino que es una serie de acciones que tenemos que llevar a cabo para que nuestro plan funcione. Te compartiré una lluvia de ideas de lo que yo haría, pero recuerda que las opciones son múltiples y que hay muchas formas de llegar al mismo objetivo.

Supongamos que quieres comprar un terreno para construir tu casa. No importa dónde, no importa de qué tamaño, pero quieres hacer esto en algún momento de tu vida. En este caso, lo que yo haría en mis tiempos libres para poder manifestar este terreno y esta casa sería lo siguiente:

1) *Visitaría terrenos*, pues esto dará mayor claridad: saber el rango de precios, los tamaños, conocer el proceso, saber en dónde se localizan en mi ciudad para determinar si me gustan, entender cómo funciona el proceso de adquisición de un terreno, decidir si lo quiero dentro de la ciudad o no, si es que quiero que esté dentro de un residencial o no (indagando en los beneficios de ambas opciones), saber si quiero que tenga una vista hacia un determinado paisaje o ambiente, en fin, el punto es visitarlos y observar cuáles son mis reacciones, cómo me siento e identificar qué es lo que sí y lo que no me gusta de los terrenos, prestar atención a los pensamientos que me surgen cuando los veo.

Presta atención a lo que sí te gusta, pues te va a ayudar a decir: "Ah, okey, por aquí es el camino, esto es lo que quiero". A su vez, todo lo que no te gusta te va a dar la claridad de cuál o cuáles son los caminos que no deberías de tomar en tu proceso de manifestación; sabrás en qué aspectos de tu persona tendrás que trabajar para recibir lo que deseas.

Cuando visites un terreno y lo observes, cuando te veas a ti estando ahí, frente a ese sueño, como ya te dije, no sólo te va a dar más claridad en tu proceso, sino que también te ayudará a que te visualices a ti, en un futuro, comprando un terreno o estando en esa situación que quieres manifestar. Con esta acción, lo que estarás haciendo es mandarle una buena vibración al Universo, pues estarás conectado con la imagen mental de lo que deseas manifestar.

Ojo aquí, no significa que específicamente vas a comprar ese terreno que estás viendo —pues es posible que se venda pronto—, sino que vas a encontrar y saber las características que quieres que tenga: que sea tantos metros cuadrados, que esté en una esquina, que esté en medio de otras casas, que esté en el fondo del residencial, que esté cerca de un cerro, etcétera, al definir estas peculiaridades, lo único que va a pasar es que vas a mantener esta energía vibrando en tu vida, de manera que cada vez que recuerdes tu visita o que lo vuelvas a visitar, avivarás esa energía, ese deseo. Con el simple hecho de acordarte del terreno le estás diciendo al Universo: "¡Ey, lo que yo quiero es esto!". Entonces dejarás grabada esa imagen mental en tu subconsciente, quien dará la orden de qué es lo que deseas.

Y si el terreno que viste ya no está disponible, recuerda que lo importante es que definas cómo lo quieres. Con esta acción, después vas a encontrar el mismo terreno pero más barato, o con mejores opciones, o con un financiamiento crediticio más favorable, o que todos los trámites relacionados con la compra del terreno se den de una manera más rápida y fluida.

2) *Me vincularía con personas que se relacionan con este proyecto.* Buscaría amigos y familiares que sean arquitectos o que hayan comprado un terreno o construido su casa y les comentaría sobre el plan que tengo o indagaría más sobre cómo fue su proceso, que me cuenten su experiencia: ¿cómo les fue?, ¿qué les gustó?, ¿cómo lo hicieron? Saber esto te va a ayudar a que te des cuenta de que esto es posible, que está en todos lados y que pronto estará disponible para ti. Además, te dará más claridad, llegarás a un punto en el que posiblemente te digas: "Okey, éste fue su proceso y ya escuché cinco historias y me doy cuenta de que esto es común, yo también puedo hacerlo", y entonces ya tendrás una idea más definida de cómo puedes comenzar a construir tu plan de acción. Tal vez no sabías lo que tardaba regularmente la gente en construir su casa; quizá pensabas que tardarías cinco años, pero te diste cuenta de que lo podrías lograr con seis o 12 meses. En resumen, tendrás mayor claridad para definir, aumentar o modificar tu plan de acción.
3) *Buscar información.* Yo entraría a Pinterest o a YouTube y buscaría ideas de lo que me gustaría para mi casa. Esto lo puedes hacer en tu tiempo libre; en lugar de ver esa serie

o esos videos de perritos cayéndose en la calle o cualquier otra distracción, mejor sigue involucrándote con tu proceso de manifestación. Yo buscaría un video de alguien que explique cómo le hizo para construir su casa: ¿cómo eligió los materiales y por qué? ¿Qué tipo de decoración usó? Investigaría qué tipo de construcciones están disponibles o son las comunes en estos días: ¿minimalista?, ¿campestre?, ¿tradicional? Vería qué es lo que está en tendencia en el tema de las construcciones y qué es lo que debo tener en cuenta, cómo saber cuál es el mejor diseño para una ventana para así aprovechar la luz y el flujo de aire, qué tipo de clóset es mejor, en fin, investigaría todos los detalles que resuenen conmigo, que me agraden. Con esta simple acción vas a llamar a la energía de lo que quieres en tu vida.

4) *Iría a tiendas de construcción y decoración.* Ir a este tipo de tiendas te va a ayudar bastante para que veas qué es lo que sí te gusta y qué es lo que no. Para visualizar cómo te gustaría construir tu casa sería bueno que veas los tipos de azulejos, los diversos materiales de construcción, los tipos de baños, pinturas, herrería y diversas cosas, hasta que llegues al punto de decir: "Ay, mira, este tipo de puerta está padrísimo; ese diseño del piso me encantó; la sala en forma de ele me gustó más que la circular". Todo eso hará que te conectes con esa visualización con mayor fuerza y, por ende, te conectarás a esa vibración tan necesaria para atraer a tu vida ese terreno y esa casa.
5) *Trabaja en tu proceso con seriedad y confianza.* Tal vez al platicarte todo esto te visualices haciendo estas recomendaciones y te sientas un tanto inmaduro o hasta ridícu-

lo, incluso hasta sientas que es una tontería o un simple juego; muy probablemente te lleguen pensamientos como: "Karla, ¿por qué voy a ir a molestar a una vendedora para que me enseñe algún terreno o algo que en este momento ni siquiera puedo comprar?, ¿por qué voy a gastar el tiempo de esa persona y mi tiempo?". Ante esas interrogantes yo te diría que reflexiones en el punto más importante de este libro, de esto que te estoy enseñando: debes aprender a darte permiso de vivir tu proceso; tienes que darte cuenta de que no estás haciendo perder el tiempo a nadie, y que en realidad ya eres un posible comprador de la vendedora que te está enseñando los terrenos. Tal vez no puedas comprarlo en ese momento, tal vez en unos años podrás, pero cuando lo hagas, la primera persona que vas a considerar para ello será a esa vendedora, por lo que justo en ese momento en que tú estés indignado y viendo los terrenos, debes sentirte merecedor de que ella te enseñe y que ella te dedique tiempo porque sí eres un posible comprador, porque ya estás trabajando en ti y sabes y tienes la confianza de que eso va a llegarte.

Lo anterior pasa absolutamente en todas las demás cosas o situaciones que deseas manifestar en tu vida. El hecho de que te visualices y que te llames a ti mismo como un posible comprador te va a dar la certeza de que eso que pediste ya está en tu camino. Visualizarte así hará una gran diferencia en tu proceso de manifestación.

Recuerda que no estás jugando, les estás dejando claro tanto a ti como al Universo que esto es lo que quieres para ti y que no estás bromeando, y que eso es lo que pediste y que para allá te estás encaminando, y eso es tan cierto, que le estás dedicando tiempo y energía; tus pensamientos están centrados en la certeza, y las únicas dudas que tengas cuando llegue esa casa serán de otra naturaleza: ¿la sala será gris, negra, azul o verde? Al pensar en las salas ya estás dando por hecho que la casa vendrá, lo cual es mucho más poderoso a que estés pensando en: "¿Y cómo voy a pagar el terreno? No lo voy a poder comprar hasta dentro de 10 años, ¿y si ya no hay terrenos para esa fecha?, ¿y si suben tanto de precio que no podré pagarlo?". Esa vibración es completamente diferente.

La vibración negativa te va a detener y a estancar, mientras que la positiva te va a dar soluciones y te conectará con las oportunidades y con las personas que te van a hacer que llegues a la meta que te propusiste: comprar un terreno, construir tu casa y decorarla con los materiales, pinturas, accesorios y muebles que previamente ya habías elegido y proyectado con tu visualización.

Recuerda que obviamente no sólo se trata de mantener viva esa energía de lo que quieres y mantenerte sintonizado con esa vibración cada vez que lo necesites, sino también, por supuesto, seguir tu plan de acción, el que sea que hayas elegido por considerarlo mejor para ti.

No olvides que debes de disfrutar el proceso. Es muy importante que cuando hagas estas actividades que te aconsejo te observes, pues si te emocionas y te sientes feliz de pasar horas viendo videos de YouTube acerca de cómo se construyen las casas o cómo o qué tipo de decoraciones puedes hacer, quiere decir que vas por buen camino. Que te des cuenta de estas emociones positivas va a reflejar que verdaderamente sí estás apasionado y en realidad quieres eso que has pedido. Si por el contrario dices cosas como: "Qué flojera ir a ver terrenos. Qué molesto es ir a esas tiendas de construcción. Qué cansado es ir a las mueblerías", significa que no estás apasionado y que posiblemente no lo quieres.

Si notas que te da igual o te molesta involucrarte en tu proceso y hacer las indagaciones que te he mencionado, te recomendaría que reconsideres tu manifestación y mejor analices bien qué es lo que en verdad quieres. Darte cuenta de que te equivocaste al pedir está bien, es parte del proceso de encontrar la claridad, y no significa que seas un perdedor o un fracasado, ni que vayas por mal camino, pues lo que estás buscando y lo que estás haciendo es construir una vida en donde puedas manifestar lo que a ti te parece correcto y lo que a ti te gusta, y eso es más que suficiente.

10

¿Y POR QUÉ NO ME HA LLEGADO ESO QUE PEDÍ?

Como ya vimos, el tiempo es relativo y es normal que nos sintamos desesperados porque no llega lo que pedimos. Sin embargo, recuerda que aunque por ahora no te ha llegado, eso no significa que en su momento no te va a llegar. En muchas ocasiones creemos que las cosas van a pasar en años, y cuando vemos que no fluyen, sentimos que ya no llegó, pero lo que te puedo decir en mi experiencia es que hay veces en que los procesos llevan mucho tiempo "detenidos" —aparentemente—, y en cuestión de semanas, días o incluso de horas, cosas que creías que no se iban a dar o que estaban imposibles se dan, se manifiestan; mágicamente todo se acomoda y todo fluye, y todo eso que estabas esperando llega a tu vida. Así que no tires la toalla, confía en tu proceso.

Es normal que te sientas desesperado o con muchas dudas, sobre todo si apenas estás aprendiendo a manifestar, pues no sabes ni qué pensar, ni cómo sentirte, ni cuándo tomar acción, ni dónde, ni nada; o sólo estás a la expectativa, y eso puede resultar frustrante.

Es por ello que a continuación te compartiré unos recordatorios que te ayudarán a darte cuenta de por qué no está llegando lo que pediste:

1) Date permiso de ser honesto contigo. Lo que hoy estás haciendo, ¿te está acercando a lo que quieres lograr? ¿Estás cumpliendo con todo lo que hemos aprendido en este libro? Debes analizar si realmente estás siguiendo tu plan de acción, o si estás teniendo el tipo de pensamientos adecuados, es decir, si te estás nutriendo de una realidad buena onda. Hazte ciertas preguntas sobre tu camino, sobre todo en el tema de la confianza, ya sea para con el Universo o para contigo. Date cuenta de si en verdad estás actuando o sólo estás dejando pasar el tiempo. Y si descubres que no estás actuando, que te da flojera o te molesta, también debes darte permiso de cuestionarte: eso que pediste, ¿es en realidad lo que deseas? Puede ser que en el fondo nos estemos engañado a nosotros mismos, y que eso que pedimos no sea algo que deseamos para nosotros, sino que proviene de alguna presión familiar, social o cultural.
2) Es importante que estemos listos y que el Universo tenga claro que aquello que pedimos es un bendición para nuestra vida, que sepa que nos sentimos merecedores de recibirlo. Recuerda que llegar del punto A al punto B es un proceso, así que debes tener paciencia, pues muchas veces no le transmitimos claramente al Universo qué es lo que deseamos. El pasar de un punto a otro dependerá de dicha claridad, no lo olvides.
3) Pregúntate qué podría salir mal o qué aspecto negativo podría llegar a tu vida si se cumple aquello que pediste. Muchas veces las respuestas que solemos dar provienen de ideas basadas en creencias negativas. Recuerda que debes responder la serie de preguntas que te planteé en este

libro, principalmente en el capítulo II. Si al responderlas identificas que ya trabajaste en ciertas áreas de tu vida para hacerte merecedor, para dejar de temer al futuro o a lo bueno que la vida puede ofrecerte, ya trabajaste en terapia lo que tenías que trabajar, si ya liberaste ciertas emociones y pensamientos arraigados, entonces te recomendaría que les preguntes a las personas de tu alrededor, a las más cercanas a ti —si vives con tus papás, pregúntales a ellos; si estás casado o juntado, pregúntale a tu pareja; los mejores amigos siempre son una buena opción—, que qué creen que pueda salir mal si tal o cual cosa llegara a tu vida; el objetivo de que platiques con ellos es darte cuenta de los miedos o incomodidades que ellos tienen e investigar si en alguna parte de ti también están presentes.

Te voy a platicar un poquito de una experiencia que tuve. En una ocasión me percaté de que había cosas que no me estaban fluyendo, y cuando me puse a reflexionar sobre mi proceso, vi que sí estaba siguiendo mi plan de acción, por lo que en verdad no entendía por qué no me llegaba y no sabía que debía seguir trabajando en mí para darme permiso de recibirlo.

Cierto día me senté con mi esposo, y días después con mi mamá, y a los dos les pregunté que si creían que era peligroso que manifestara eso y me dijeron que sí; que ellos creían que tenía miedo de ciertas cosas, cosas que más tarde me di cuenta de que estaban relacionadas con creencias limitantes que tenía, así que con base en ello decidí trabajar dichas creencias conmigo misma, pues podía ser que estuvieran tan arraigadas en mí que no las estaba tomando en cuenta; así que me eché un clavado a mi interior y me puse a buscar, a hacer un trabajo de introspección.

También noté que mi esposo y mi mamá tenían ciertas ideas, prejuicios tal vez, basados en el miedo: temían que al obtener lo que pedí, me convirtiera en una persona diferente. Entonces lo que hice fue platicar con ellos y decirles: "Tranquilos, eso no va a pasar, pero lo voy a tener en cuenta". Créeme que tuvo un gran resultado y también me ayudó a que todo comenzara a fluir.

4) Rompe la inercia, es decir, la resistencia que se opone a tus cambios. Muchas veces —si no es que siempre—, cuando somos los primeros en la familia en hacer algo, solemos tener mucha resistencia o mucho miedo, en ocasiones sin saber de dónde viene o por qué nos invade, pero es completamente normal.
5) Si eres el primero en tu entorno en abrir un negocio, en terminar una carrera y ser profesionista, en no casarse, en no tener hijos, en fin, el primero en hacer cosas diferentes a los convencionalismos o tradiciones de tu entorno, es normal que te sientas raro, que vas a contracorriente, que te cuesta más trabajo. No te juzgues ni seas muy duro contigo mismo, al contrario, sé más amoroso y más cuidadoso.

A VECES MENOS ES MÁS

Me gustaría platicarte una anécdota que considero que será de ayuda para entender mejor este tema de las manifestaciones que no se concretan en nuestra vida. En cierta ocasión, un *influencer* muy reconocido acababa de comprar un departamento lleno de malas energías que, en palabras coloquiales, diríamos que estaba casi casi embrujado. Entonces yo le dije a mi comunidad que me ayudara a contactarlo, e inmediatamente después de haber pedido esa ayuda, miles de personas comenzaron a comentar y a etiquetarme en sus publicaciones, y a él lo etiquetaron en las mías.

Yo quería que él se diera cuenta de mi presencia en redes sociales y que supiera que mi papá lo podía ayudar con el tema de las energías de su departamento, pues él se dedicaba a dar terapias, una de ellas sobre el equilibrio energético. Yo creía que aquello sería una gran bendición, pues con el flujo de comentarios y demás, pero sobre todo con la respuesta de este *influencer*, quien podría mencionarnos en alguno de sus videos o redes, pensé que tendríamos muchos clientes; me entusiasmé muchísimo.

Sin embargo, el *influencer* no respondió. No se dio lo que quería; me puse triste y hasta dudé de mi capacidad manifestadora. Tiempo después pensé que, muy posiblemente si nos hubiera respondido, hubiese sido todo excepto una bendición. ¿Por qué? Buenos pues, para empezar, no estábamos listos para recibir todo ese flujo de clientes: no teníamos ningún producto que les pudiéramos vender a las personas, únicamente contábamos con los servicios de las sesiones privadas que daba mi papá, pero era superlimitado porque él sólo podía dar dos o tres sesiones en un día, pero jamás podría atender a cientos de personas. Además, tampoco teníamos una página web o un equipo de trabajo que pudiera contestar todos los mensajes que podríamos tener y mi comunidad y mis contenidos en redes sociales no estaban muy protegidos ni blindados contra el *hate*; en fin, había muchas cosas muy ambiguas que se podrían haber malinterpretado. Comencé a darme cuenta de todo lo que se generaría con la respuesta del *influencer*. Si me hubiera invitado a que grabáramos juntos, yo no tenía el tiempo para desplazarme a donde él se encontrara. O sea, cero en todo.

Al inicio pensé que hubiera sido una gran oportunidad de crecimiento, pero viéndolo en retrospectiva, más bien hubiera sido fácil que aquello, muy pronto, saliera mal, pues no habíamos preparado el terreno en nuestra vida ni estábamos listos para recibirlo. Al principio, como te platiqué, no lo vi de esta manera sino que me frustré, pero con el pasar del tiempo me dije: "¡Guau!, qué bendición que no me contestó". Quizás en algún punto lo haga, pero qué bueno que en aquel momento no lo hizo porque era justo todo lo que no necesitábamos en nuestra vida.

TRANQUILO, EL UNIVERSO TE SOSTIENE

Para cerrar con este capítulo te voy a invitar a que visualices lo siguiente: estás en una alberca y tu meta es flotar, estirar las piernas y brazos. Que tu cabeza vea el cielo y que estés tranquilo, relajado y en paz, y que estés ahí por cinco, 10 o 15 minutos disfrutando de la vida. Sin embargo, aunque ya llevas uno o dos minutos en el agua, no lo estás logrando. Te das cuenta de que no lo has conseguido porque tu cuerpo se está moviendo mucho y nomás no puedes; estás moviendo tus brazos y piernas rápidamente y te hundes. Te sales y te vuelves a aventar a la alberca, pero sigues sin poder quedarte quieto. Y al momento de observar tu mente, notas que no estás tranquilo, estás pensando en muchas cosas. Estás muy abrumado y por eso no puedes cumplir la meta: flotar y disfrutar de la vida.

Ahora, qué tal si te das permiso de reflexionar que el agua debe de sostenerte por regla natural y física, que si te estiras y estás tranquilo y no mueves tu cuerpo, el agua naturalmente te va a sostener y vas a flotar, pues tu cuerpo está hecho de agua y es una ley que flotes; así está acomodado todo, así son las cosas. No necesitas patalear, no necesitas hacer nada más que relajar tu cuerpo. Lo único que necesitas hacer es seguir un plan de acción en el que estés tranquilo, relajado y ya. Eso es todo.

Lo anterior también funciona en la vida misma. Cuando hagas la visualización de la alberca, date cuenta de que así como el agua te sostiene por leyes naturales y físicas, la Vida te sostiene por leyes naturales y divinas. En la vida, en el Universo, todo lo que necesitas está disponible para ti. Y no necesitas patalear ni luchar contra la Vida, simplemente debes seguir tu plan de acción y sentirte tranquilo, con la seguridad de que eso que tanto deseas ver manifestado está disponible para ti. Una vez que te dejes sostener por el Universo todo estará bien, y te la pasarás increíble, pues verás cómo todo puede vibrar de manera relajada, bonita y buena onda.

Te aconsejo que conectes esta visualización con algún recuerdo de experiencia en la que hayas estado en una alberca, que te acuerdes de la sensación de flotar en el agua o, mejor aún, que vayas a una alberca y hagas esta práctica. Sé que no todos podemos acceder a alguna, pero incluso en casi todas las ciudades hay hoteles que te permiten ingresar con un *day pass* y puedes utilizar las instalaciones, incluida la alberca. También está la opción de asistir a las instalaciones de ciertas instituciones deportivas. Sé creativo, pídeselo al Universo, y verás que encontrarás la forma de hacer este ejercicio, con el que comprobarás lo que te estoy compartiendo.

Además, cada vez que te sientas limitado, cuando sientas que determinada cosa o situación no está disponible para ti, cuando pienses que el Universo o la Vida se han olvidado de ti, o cuando te invada la sensación de que tu manifestación no se va a dar, recuerda esta sensación de flotar en la alberca. Recuerda que el Universo te sostiene.

11
DESPEDIDA

UNA ÚLTIMA *STORY TIME*

Quiero terminar este libro contándote una de mis historias más preciadas. En 2019 yo comencé con la broma de que quería salir en la revista *Forbes*, y no había día en el que no lo dijera. Lo mencionaba y me reía, como si fuera una broma, y lo decía mucho pero ni siquiera yo misma me lo creía. No sabía por qué iba a salir o para qué. Pero sólo comencé a hacer ese comentario y jugaba con esa "ocurrencia", ya que así la consideraba, como una cosa más de las que llegaban a mi cabeza, como un simple juego. Cabe mencionar que también jugaba con la idea de tener las cuentas de mis redes sociales verificadas, lo cual, en este momento que estoy escribiendo estas líneas, aún no pasa, pero muy probablemente ahorita que estás leyendo esto ya pasó. Pero bueno, yo soñaba y jugaba con eso. Cabe aclarar que en ese momento no me dedicaba a crear contenido y tenía menos de tres mil seguidores.

Sin embargo, después de estar bromeando con esto y de verlo como un chiste, comencé a cuestionarme si era algo que realmente quería y me di cuenta de que sí, pero no por lo que tal vez estés pensando. En 2020, cuando hice mi sueñógrafo de inicio de año, puse una imagen de *Forbes* y, en 2020 y en 2021, en dos ocasiones, estuve a punto de hacer algo con ellos, casi salgo en su revista, estuve a punto de cosas muy importantes, pero cuando estaba a nada de que se dieran, inexplicablemente se desmoronaban. Yo me sentía triste, me preguntaba por qué razón estaba tan cerca pero a la vez tan lejos de conseguir esa meta. Me desanimaba no lograrlo.

Después, en 2022, aunque ya llevaba dos años que había puesto que quería salir en *Forbes* y que era mi sueño, lo volví a poner en mi sueñógrafo, puse que quería salir en la prensa, que quería crecer mi marca y darme a conocer por medios de comunicación de mayor alcance. Resulta que a inicios de ese año me hablaron de varios lugares sin que yo los buscara; poco a poco esos medios de comunicación que tanto quería comenzaron a buscarme a mí. Luego, como a mitad de año, me llegó una invitación para que escribiera un artículo en línea. Tengo que confesar que me sentí nerviosísima, porque si bien era algo con lo que había soñado por dos años, y me había sentido triste, frustrada, contenta y había trabajado para que eso se diera, el hecho de que la oportunidad ya estuviese ahí me hacía sentir rara, como que no me la podía creer.

Total que la selección comenzó: me hicieron las entrevistas que me tenían que hacer y, después de un largo proceso, me dijeron que había pasado. Luego de eso todo se volvió incierto y nada más estábamos en el ping-pong de la información: me pedían o preguntaban algo y yo se los daba, pero no sabía cuándo iba a salir ese artículo, no sabía cuándo se iba a publicar ni nada.

Así pasó el tiempo y un día, mientras estaba de viaje en Islandia con mi esposo, tuve una mágica experiencia. Mientras íbamos en la carretera hacia nuestro destino, tuvimos que tomar un camino que más tarde supimos que era uno de los más peligrosos de Islandia. Perdimos la señal de nuestros teléfonos y estuvimos así por una hora, tal vez un poco más. Cuando por fin logramos salir del camino pude recibir señal y, te lo juro, parecía como una película: tenía un montón de mensajes, un montón de notificaciones en mis redes sociales, en mi celular, en todos lados: me estaban felicitando porque el artículo ya se había publicado.

Te voy a ser muy honesta, lo único que pasó es que por toda la emoción me dieron unas ganas enormes de ir al baño y terminé en un baño de Islandia marcándole a mi mamá superemocionada porque eso ya se había manifestado.

¿Y a qué voy con todo esto? A que si hay algo que quieres profundamente, te puedo confirmar que sí llega, que sí se cumple y que la manifestación sí existe, pero lo que también te quiero decir es que todo toma tiempo, todo requiere esfuerzo, todo conlleva que aceptes transformarte a ti mismo para que tu realidad también se transforme. Tal vez algunas personas allá afuera vean que las cosas se dan en tu vida de manera instantánea, como si te tomaras una píldora mágica, pero es muy probable que tu proceso no haya sido así, sino que haya durado mucho tiempo y hayas tenido que pasar por muchas problemáticas o dificultades que fuiste superando una por una. Mientras tú sepas eso, no te dejes llevar por comentarios malintencionados. Tú sabes bien quién eres y eso es lo más importante.

Y recuerda: tú eres quien diseña tu vida. Yo sólo estoy aquí para que no olvides que cada día puedes elegir una vida aún más amorosa, aún más feliz, aún más agradecida, aún más intencionada, aún más abundante en todos los sentidos. Recuerda que sólo necesitas un poco de más conciencia para llegar a ese nuevo nivel. Siempre ten la confianza de que todo lo que aprendiste en este libro es suficiente para que sigas avanzando en tu camino. Y aunque te aprendas estas páginas de memoria, lo importante es que lo apliques en tu vida y que te des permiso de transformarla, tomando en cuenta que muchas veces no todo tiene que ser gigante, como ya te lo he platicado en este libro, sino que hay veces que con el simple hecho de que nos demos permiso de aceptar lo que hemos pedido y de llegar a estos nuevos horizontes todo "mágicamente" comienza a fluir.

EMPIEZA YA

Me ha pasado en muchas ocasiones que cuando comienzo un proyecto no sé todo lo que va a pasar después; por ejemplo, cuando dije que iba a comenzar a escribir mi libro, aunque sabía que iba a ocurrir de la manera más armoniosa y amorosa posible, y que lo iba a disfrutar mucho, no sabía que tres meses después recibiría un *email* de esta editorial, Penguin Random House, diciéndome que querían hacer un libro conmigo. No me esperaba que 11 meses después de que yo había anunciado que deseaba escribir un libro ya lo estuviera terminando, solamente revisando los últimos detalles.

Y digo todo esto porque muchas veces no empezamos los proyectos o caminos que tanto deseamos porque esos senderos se ven como desiertos, como que no conducen a ningún lado y que no va a pasar nada. Sin embargo, conforme tomas la decisión y empiezas a actuar, en el camino se van acercando personas, van llegando oportunidades que a lo mejor no sabías que iban a llegar en ese momento, pero lo hacen; así que ten la certeza de que las puertas se van a ir abriendo. Esto lo podemos entender mejor si hacemos la analogía con las puertas automáticas que están en la mayoría de los centros comerciales o tiendas de autoservicio: si estás parado en el estacionamiento, las puertas no se van a abrir. Necesitas caminar y ponerte enfrente y, "mágicamente" (eléctricamente), se van a comenzar a abrir.

Es por ello que es superimportante que te des permiso de dar los primeros pasos, de arriesgarte, de escuchar a tu corazón, de seguir a tu intuición, así como de recordar que toda la información que necesitas probablemente ya está dentro de ti; tal vez lo único que te falta es comenzar a hacerte preguntas para que las respuestas empiecen a llegar.

UNAS ÚLTIMAS PALABRAS

Quiero decirte que me siento muy orgullosa de ti por haber llegado hasta este punto del libro, porque te diste el tiempo de construir esa vida que tanto deseas. Te recomiendo que vuelvas a leer este libro cuando te sientas perdido o desalentado, cuando estés en búsqueda de una nueva esperanza.

Te quiero mucho y si este libro fue algo lindo para ti, te pido que compartas tus experiencias en las redes sociales y me etiquetes, o que lo regales a algún amigo en su cumpleaños. Recuerda que todos podemos llegar a tener una vida muy bonita, pero no basta con que nos quedemos con esa idea, con esa perspectiva, debemos de pasar a la acción.

Para finalizar, en el siguiente código QR te dejo un ejercicio de tapping para ayudarte a comenzar a manifestar la vida que tanto deseas. Nos vemos.

Manifestación sin tanto rollo de Karla Barajas
se terminó de imprimir en abril de 2024
en los talleres de
Impresora Tauro, S.A. de C.V.
Av. Año de Juárez 343, col. Granjas San Antonio,
Ciudad de México